필 라 테 스 지 도 자 와 교 습 생 을 위 한 교 과 서

필라테스
운다 체어

케니 디아즈 지음 한유창 옮김

푸른솔

필라테스 운다 체어

해부학적으로 배우는 기구 필라테스 체어

2020년 10월 5일 초판 1쇄 발행
2021년 9월 28일 초판 2쇄 발행

저자 _ 케니 디아즈
역자 _ 한유창

발행자 _ 박흥주
발행처 _ 도서출판 푸른솔
편집부 _ 715-2493
영업부 _ 704-2571
팩스 _ 3273-4649
디자인 _ 여백 커뮤니케이션
주소 _ 서울시 마포구 삼개로 20 근신빌딩 별관 302호
등록번호 _ 제 1-825

값 _ 38,000원

ISBN 978-89-93596-99-1 (93690)

필 라 테 스 지 도 자 와 교 습 생 을 위 한 교 과 서

필라테스 운다 체어

케니 디아즈 지음 한유창 옮김

저자 : 케니 디아즈

10년 이상 필라테스 지도자로 활동하고 있는 케니는 전통(classic) 및 현대(neoclassic) 필라테스 분야에서 'Pilates Salud México' 공인자격증을 취득하였으며, 공인 웰니스 코치(wellness coach)이자 호주 웰니스코치협회 회원이다.

케니 디아즈는 자신의 그래픽 디자인 기술을 필라테스와 헬스에 적용해서 수강생들의 라이프 스타일을 긍정적으로 바꾸는 데 도움이 되는 운동 프로그램을 만들고 있다.

케니는 베네수엘라 마라카이보 태생이지만 전 세계 20여 개국에서 필라테스 워크숍을 열었다. 그녀는 헬스와 웰빙을 위한 《Innovations in Pilates-Matwork》란 책을 공동 저술했다. 또한 인도네시아 발리에서 강사와 수강생들을 대상으로 필라테스와 웰니스 명상을 가르치기도 한다.

케니는 자신의 직업에 종사하면서 한 가지 원칙을 가지고 있다.

"웰빙의 첫째 요건은 평정심이다(The first requirement for well-being is a calm mind)"
자아성찰, 이완요법과 명상을 통해서 수강생들이 긍정적이고 영원한 변화를 얻을 수 있을 것이다.

Contents 차례

나의 필라테스 여정

많은 강사들처럼 나도 수강생으로서 미국에서 필라테스를 시작하였다. 그러면서 필라테스의 효과에 매료되었다.

이로부터 몇 년 지난 후인 2005년에 멕시코에서 필라테스 분야의 대가(master)인 티타 오르테가에게 처음으로 공식적인 필라테스 트레이닝을 받았다. 이 필라테스 트레이닝 시스템은 필라테스 분야의 저명한 지도자이자 J. L. Body Conditioning Del Mar California의 원장인 줄리안 리틀포드(Julian Littleford)가 확립한 시스템에 기초를 둔 것이었다.

나는 다음 4년 동안 매년 한 번 멕시코로 돌아가 필라테스 트레이닝을 수료했다.

그 강습소는 필라테스와 댄스 분야에서 수십 년의 경력을 가진 뛰어난 강사들로 이루어져 있는 훌륭한 교육기관이었다. 멕시코에서 새로운 가족이 생긴 셈이었다. 우리들은 모두 가족처럼 서로 격려하고 신뢰했으며, 서로의 행복을 위해 진정으로 사랑과 관심을 베풀었다.

2009년 나는 베네수엘라 카라카스에 위치한 한 대형 강습소에서 일하기 시작했다. 거기서 매주 30~40명의 수강생들을 만나게 되었는데, 이는 빠르게 경험을 쌓는 기회가 되었다. 운 좋게도 다음 4년 동안 기량이 뛰어난 강사 및 물리치료사들과 함께 일하면서 많은 것을 배울 수 있었다. 2012년에는 앤서니 렛과 함께 일하기 시작하였으며, 유럽, 아시아, 아프리카와 남미에서 'Innovations in Pilates(현재 Yin Pilates)'를 가르쳤다. 2014년에 나는 지금 살고 있는 호주로 돌아왔고 멜버른에 있는 StretchFit 강습소에서 가르치고 있다.

나의 운다 체어 경험

카라카스에서 강사로 일하던 초기에 내가 놀란 점은 강습소에서 운다 체어(Wunda chair)를 거의 사용하지 않는다는 것이었다. 6개의 운다 체어가 비치되어 있음에도 유용한 기구로 관심을 끌지 못했다. 리포머가 늘 가장 인기 있는 기구였고 다음은 필라테스 캐딜락이었다.

운다 체어에 대한 이해가 부족하거나 잘 사용되지 않는 점이 안타까웠다. 나는 트레이닝 동안 운다 체어를 계속 사용하였으며, 그것이 특히 다목적이고 모든 종류의 운동 및 스트레칭에 유용한 훈련 도구란 점을 알았다. 조나 필라테스의 강사들, 특히 전직 댄서인 기예르모 에르난데스와 함께 우리는 2,500명의 강습소 회원들에게 제공할 일부 강좌를 개설하기로 했다. 그러고는 운다 체어 강좌를 제공하기에 앞서 수개월 동안 매주 여러 시간을 할애해 연습과 실험을 했다.

우리는 다양한 수준으로 되어 있는 일련의 강좌를 개발했다. 즉 근력, 유연성 또는 신체에 대한 인식(body awareness)이 거의 없는 초보자에서부터 곧바로 높은 수준의 운동선수에게까지 이어지는 강좌였다. 운다 체어는 다목적이기에 우리는 이 모든 수준의 사람들에게 맞는 강좌를 열 수 있었다.

강습소 운영 팀은 운다 체어가 인기를 끌리라 확신하지 못했기에 황금 시간대의 수입이 줄어드는 위험을 피하기 위해 한가한 시간에 강좌를 배정했다. 월요일 및 수요일 오전 10시에만 배정한 것이었다. 하지만 3개월 이내에 운다 체어와 강좌는 폭발적인 인기를 끌어 대기자 명단까지 생겼다. 실제로 수강 후보자들이 와서는 예약한 수강생들이 나타나지 않으리라 기대하면서 서성거리곤 했다. 운다 체어의 시대가 도래한 것이었다. 운다 체어의 가치에 대한 나의 믿음이 증명된 셈이었다. 운영 팀은 우리의 기업가 정신에 감동했다. 그들은 운다 체어 세션을 주 당 10개 더 개설하기로 동의하였다. 그 모든 세션은 즉시 수강생들로 채워졌다.

2010년 카라카스에서의 운다 체어

필라테스 체어의 발전

운다 체어는 원래 뉴욕 시의 아파트용 실내 운동 기구로 디자인되었다. 초기 디자인은 앉을 수 있는 의자에서 의자를 갖고 운동할 수 있는 운다 체어로 쉽게 변환되었다. 이러한 기구는 매우 단순해서 좌석, 페달, 그리고 저항을 조정하기 위해 페달에 부착된 스프링들로 이루어져 있었다. 조 필라테스(Joe Pilates)는 이 기구를 맨해튼에 위치한 8번가 스튜디오의 필라테스 기구들에 포함시켰는데, 이곳에는 매트, 리포머, 캐딜락, 배럴과 작은 기구가 구비되어 있었다. 그는 이 의자를 사용하여 무릎 손상이 있는 환자들을 재활시키고 보다 높은 수준의 수강생들에게 전신 체조 운동을 가르쳤다. 체조(gymnastics)를 한 그의 경험이 이런 체어 운동에 가장 명확하게 반영되어 있었다. 남성들은 대개가 이 기구를 선호하였는데, 상체 근력에 강조점을 두기 때문이었다.

조 필라테스가 사망 후 그의 운동을 계승한 대부분의 수강생들은 매트, 리포머와 캐딜락에 집중하였으므로 이 체어는 사용하지 않게 되었다. 조에게 직접 수련을 받은 필라테스 원로들 중 캐슬린 스탠포드 그랜트(Kathleen Stanford Grant)는 이 체어를 가장 잘 알고 있는 것으로 여겨진다.

오늘날 우리가 알고 있는 대부분의 전통적인 체어 운동들은 캐슬린에 의해 또는 조가 체어 위에서 가르치는 사진 및 비디오 기록을 통해 전해졌다. 최근에 필라테스의 인기가 상승하면서 이 체어에 대한 관심이 다시 살아났고 조가 만든 단순한 기구에 혁신적인 장치들이 많이 추가되었다.

현재 필라테스 체어는 재활 후 훈련에서, 운동선수 컨디션 조절, 그리고 소그룹 훈련에 이르기까지 어떠한 필요에도 맞출 수 있도록 이용 가능하다. 또한 프로그램 및 운동 대안들도 확대되어 운다 체어는 전문 기구에서 전신 컨디셔닝 기구로 탈바꿈했다. 그 크기 및 편리한 이동성으로 인해 운다 체어는 붐비는 필라테스 강습소, 개인 지도 또는 단체 운동 헬스장에 들여놓기에 이상적이다. 당신이 완벽한 트레이닝을 받은 필라테스 강사로 영감을 추구하는 사람이든, 개인 지도자로 자신의 도구상자에 새롭고 효과적인 훈련 도구를 추가하고자 하는 사람이든, 혹은 단체 운동 지도자로 자신의 필라테스 지도를 한 단계 더 진전시키고 싶어 하는 사람이든, 운다 체어는 훌륭한 도구이다.

내가 운다 체어에 반한 이유

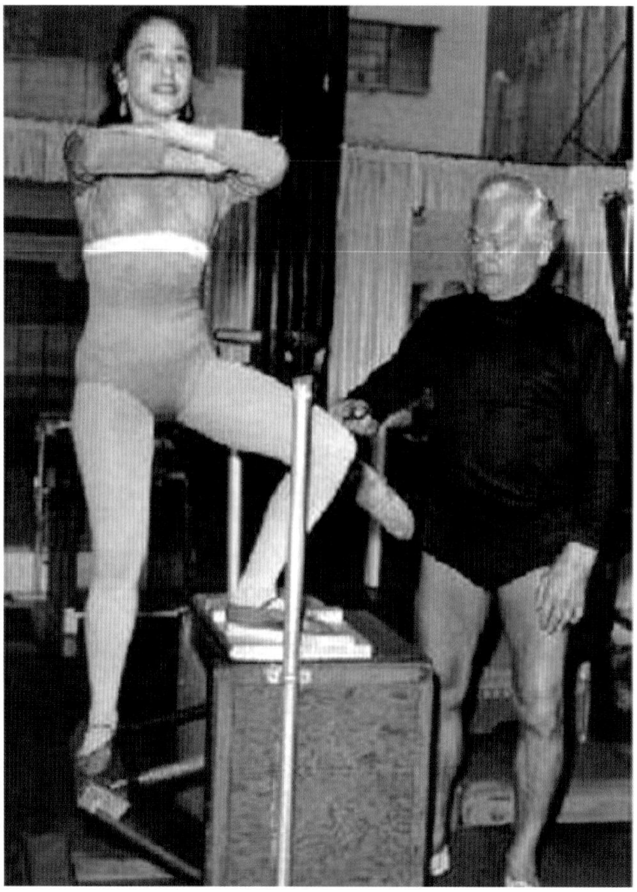

나는 필라테스의 모든 기구 중에서 운다 체어가 가장 다양한 운동 도전들을 제공하다고 생각한다. 앉아서 하는 초급 및 필수 운동에서 중급 및 최상급 운동까지 수많은 운동들이 있다.

운다 체어는 다양한 운동들을 제공하므로 '근육이 타오르는 듯한 느낌'에 익숙한 사람들뿐만 아니라 몸 컨디션이 저하되어 기초적인 근력, 근육 협동 및 균형을 발달시킬 필요가 있는 수강생들에게도 필라테스에 입문하는 기구로 인기가 있다. 초급 운동들은 앉아서 수행할 수 있다. 보다 상급인 체어 운동들을 능숙하게 수행하려면 상체 및 하지 근력, 견갑골 및 골반 안정성과 강한 코어가 필요하다.

리포머 또는 매트에서 하는 운동들과 달리 운다 체어에서 서서 하는 다양한 운동 유형은 기능적 및 운동적 트레이닝에 최상의 환경을 제공한다. 내 강습소에서 나는 스키어, 러너, 무술인, 댄서, 사이클리스트, 축구 및 농구 선수에게 매우 효과적인 스포츠 특이적 프로그램들을 개발해놓은 상태이다. 폭발적인 하지 파워, 상지 제어, 코어 근력과 생체역학적 정렬의 통합은 현재 의학계와 스포츠 과학계에서 높은 경기력과 부상 방지에 핵심인 것으로 잘 확립되어 있다. 운다 체어는 아주 작은 공간을 차지하지만 이 모든 이점(benefits)을 제공한다.

이 책을 쓴 이유

나는 운다 체어가 운동 및 건강 분야에 제공하는 놀라운 가능성을 진정으로 신뢰하기에 이 책을 쓰게 되었다. 물론 이런 신뢰와 더불어 강사와 수강생들이 앞으로도 오랫동안 즐길 수 있도록 운다 체어의 다양한 운동 유형을 보존하고 기록하며 먼 미래까지 확대하고자 하는 자연스런 욕심도 있다. 이 책에 제시되어 있는 3D 이미지들은 내가 운다 체어를 탐구하기 시작하였을 때 나에게 유용했었던 심도 있는 수준을 제공할 것이다. 이러한 이미지들을 즐기길 바란다.

상가 임대료가 만만치 않은 요즈음, 운다 체어는 사람들이 적절한 비용으로 필라테스의 혜택을 누릴 수 있게 하는 적당한 강습 공간을 마련하는 데 도움을 준다. 이것이 이 책을 쓴 결과라고 한다면 상당한 노력을 기울인 가치가 있는 셈이다.

이 책에서 소개하는 많은 운동들은 내가 멕시코에서 트레이닝을 받는 동안 배운 내용으로 줄리안 리틀포드의 매뉴얼들에 실려 있는 전통적인 필라테스 자료에서 가져온 것들이다. 물론 현대의 응용운동들도 일부 있다. 나는 이러한 운동들에 대한 소유권을 주장하지 않는다. 많은 경우에 그 운동들의 기원을 알기도 어렵다. 이것들은 끊임없이 확대되고 있는 필라테스 규범의 일부를 형성한다. 이와 같은 자료는 놀라운 필라테스 운동과 매력적인 작은 의자의 혜택을 나누고자 하는 창의적이고 실험적이며 이타적인 스승 및 제자들이 개발해 공유하는 것이다.

이 책을 읽는 법

운다 체어는 아주 많은 관절들(운동과학의 용어로는 '다관절 운동'이라 함)을 동원하기 때문에 운동들을 '발목'과 같은 범주들로 나누는 것은 다소 자의적이다. 사실 대부분의 운동들에서 전신이 활성화된다. 비록 전신이 움직이지 않는 듯한 경우에도 말이다. 그러한 근육 수축을 움직임이 없는 등척성 수축(isometric contraction)이라고 한다. 그러나 자료를 논리적인 순서로 제시하기 위해 나는 발로부터 시작해 어깨와 목까지 올라갔다. 장들은 다음과 같이 구성되어 있다.

서문

제1장 : 발, 발목, 다리와 둔근

제2장 : 척추. 다음과 같이 나뉜다.

파트 a : 척추의 굴곡

파트 b : 척추의 신전

파트 c : 척추의 측면 굴곡

파트 d : 척추의 회전

파트 e : 다관절 운동

파트 f : 척추 중립 다관절 운동

제3장 : 팔, 가슴과 어깨

제4장 : 스트레칭

제5장 : 운동 프로그램의 구성

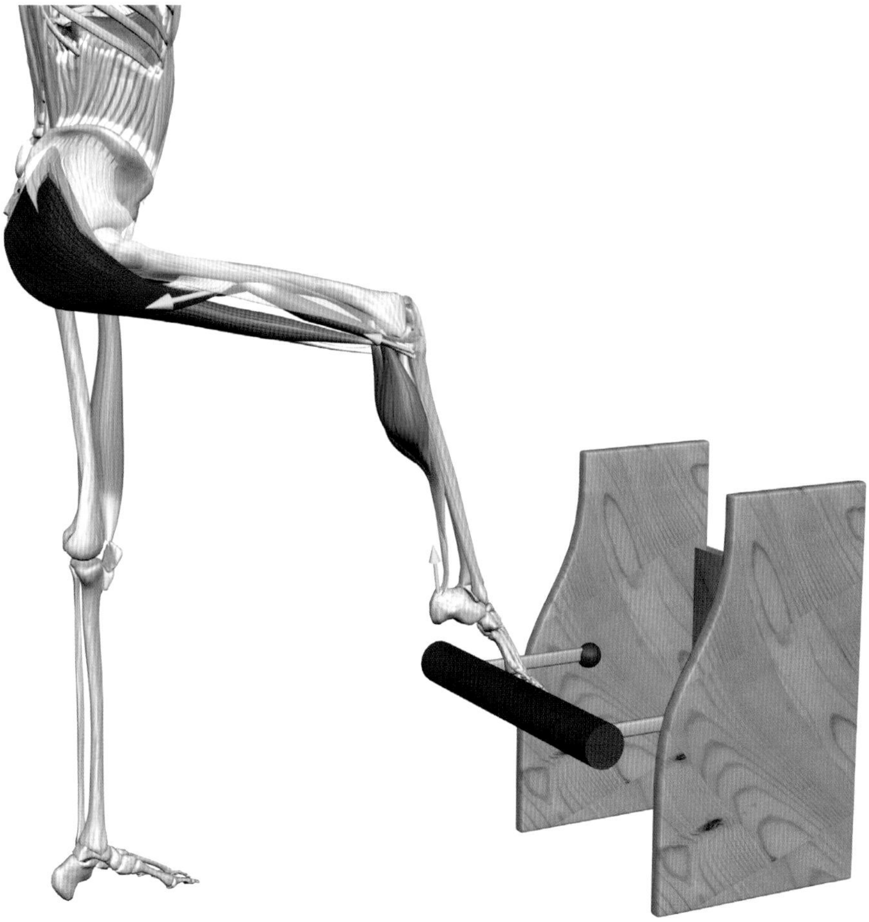

중립 골반

많은 운동 지시 사항들에서 '중립 골반'을 유지하라고 주어지는 지시가 있다. 중립 골반은 2개의 전상장골극(anterior superior illiac spines, ASIS)과 치골결합(pubic symphysis, PS) 또는 치골결절(pubic tubercles)이 적절한 정렬을 이루는 경우를 말한다. 이러한 자세를 유지하면 여러 가지 이점이 있는데, 전방, 측면 및 후방 복부 및 척추 근육들이 협력하여 작용해 골반과 척추를 지지하도록 한다. 또한 척추의 관절과 디스크에 가해지는 굽힘력(bending force)과 전단력(shearing force) 같은 다양한 생체역학적 힘들을 최소화하고 힘들이 전신으로 안전하고 효과적으로 전이 및 분포되도록 한다.

위와 같은 지시 사항에 주의를 기울일 때에는 그림과 같은 자세들을 느끼거나 촉진하도록 한다. 요추부가 과도하게 휘어지거나(골반 전방경사) 과도하게 펴지지(골반 후방경사) 않도록 주의한다.

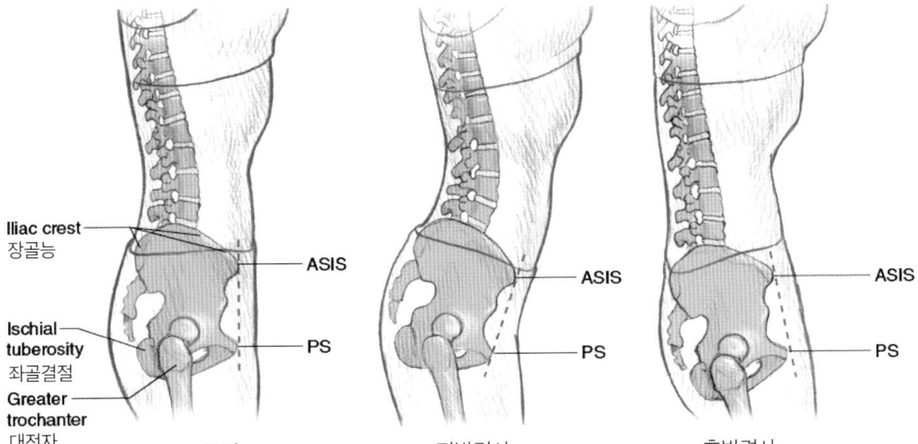

중립 전방경사 후방경사

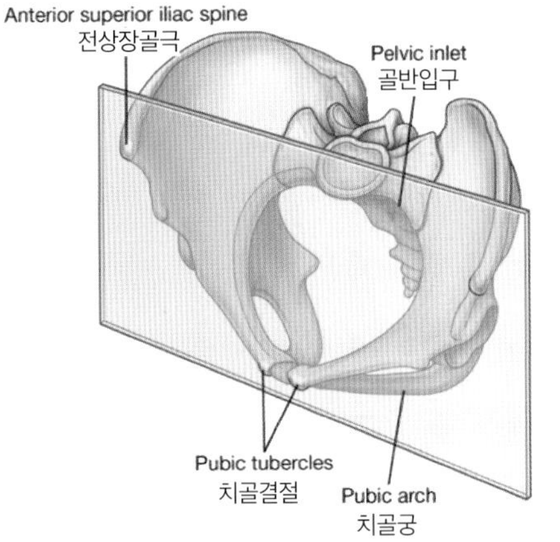

전상장골극(ASIS)과 치골결합(PS)을 정렬한다.

표준에 대한 견해

표준이란 항상 다소 자의적인 말이다. 하나의 특정 운동에서는 수월하지만 다른 운동에서는 어려울 수도 있다. 이러한 경우는 드물지 않다. 나의 조언은 모든 운동을 시도해보고 자신에게 어려운 듯한 운동에 집중하라는 것이다. 그런 운동이 아마도 자신이 가장 필요로 하는 운동일 것이다. 속담에 있듯이 "아파봐야 알게 된다." 자신을 노련한 수강생 또는 강사로 여기는 사람도 물론 '초급'이라고 표기된 운동들에서 여전히 효과를 볼 수 있다. 예를 들어 스프링 장력을 증가시키면 난이도를 아주 신속히 올릴 수도 있다. 적당한 절제와 열린 마음으로 단련하도록 하자.

1 CHAPTER

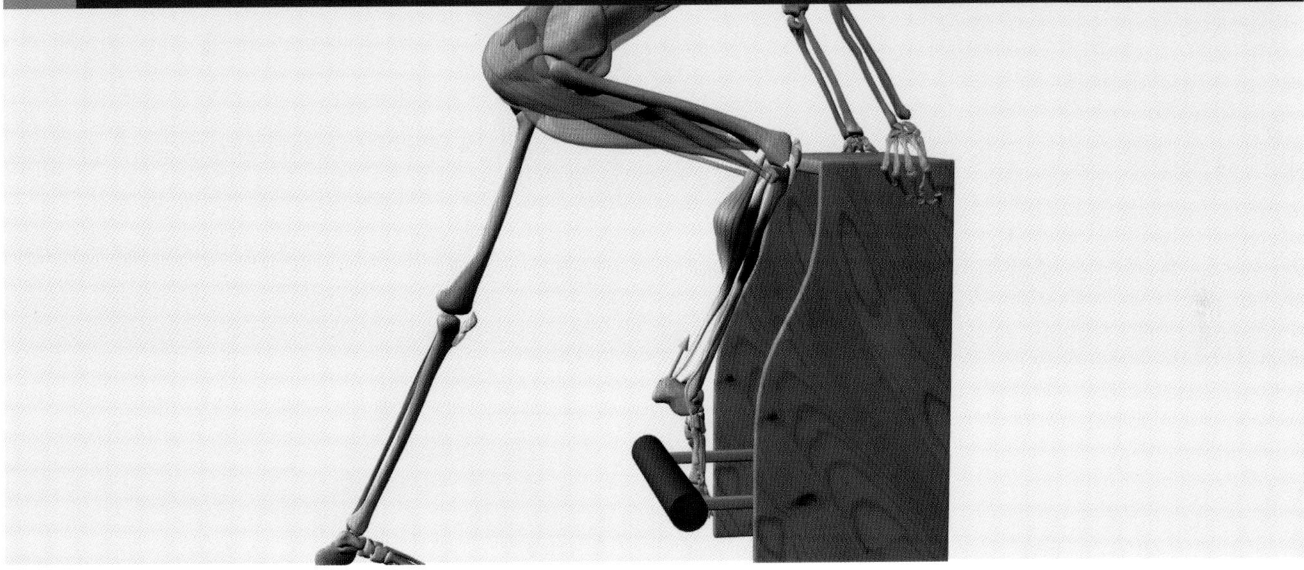

발, 발목, 다리와 둔근

Feet, Ankles, Legs and Gluteals

1. 가자미근 프레스

Soleus Press

● **레벨** : 초급 ● **스프링 장력** : 중 또는 강

● **관련 근육** : 비복근, 가자미근, 후경골근, 발가락 굴근, 비골근

A. 시작 자세

● 체어 앞쪽에 서서 양손으로 체어를 잡고 한쪽 발의 중족골과 발가락을 페달에 올려놓는다.

● 페달을 밀어 내려 발을 족저굴곡으로 만들고 무릎을 체어에 가볍게 댄다.

B. 운동

● 페달을 올리면서 발을 족배굴곡으로 만든다.

C.

● 페달을 밀어 내리되(시작 자세), 무릎을 체어에 댄 상태를 유지한다.

관련 근육

비복근, 가자미근, 후경골근, 발가락 굴근, 비골근

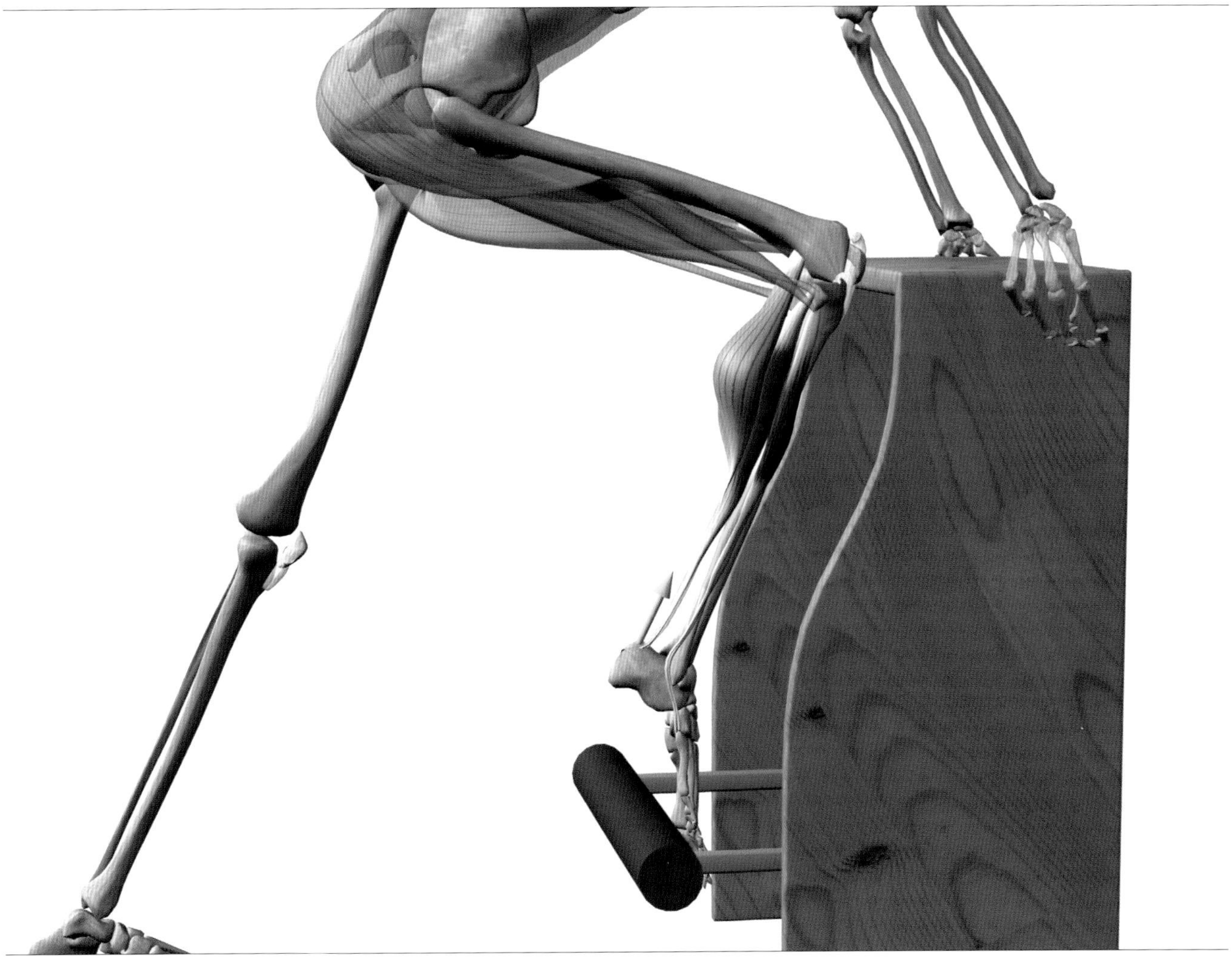

페달이 움직이면서 심부 근육(후경골근, 발가락 굴근과 비골근)이
작용하여 전족부(forefoot : 발의 앞부분)의 회전 움직임(회내 또는 회외)을 억제한다.

2. 시팅 카프 Sitting Calves

● **레벨** : 초급 ● **스프링 장력** : 중 또는 강

● **관련 근육** : 가자미근, 후경골근, 발가락 굴근, 비골근

A. 시작 자세

● 체어에 앉아 양 발가락을 페달에 올려놓는다.

● 페달을 밀어 내려 발을 족저굴곡으로 만들고 무릎이 90도가 되게 한다.

● 골반을 중립 자세로 둔다.

● 양손을 무릎에 대어 움직임을 방지한다.

B. 운동

● 페달을 올리면서 발을 족배굴곡으로 만든다.

● 족저굴곡 및 족배굴곡을 10회 반복한다.

3. 스탠딩 카프 Standing Calf

● **레벨** : 중급 ● **스프링 장력** : 중
● **관련 근육** : 비복근, 가자미근, 후경골근, 발가락 굴근, 비골근

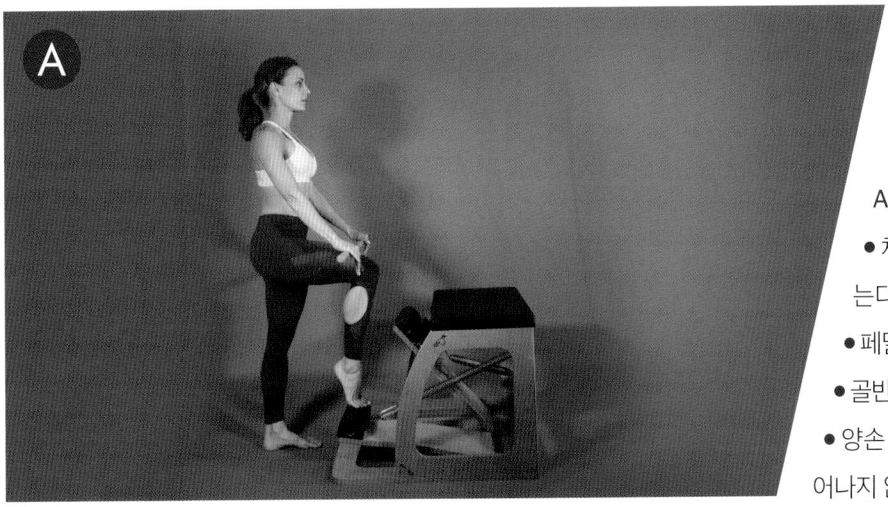

A. 시작 자세
● 체어 앞쪽에 서서 발가락을 페달에 올려놓는다.
● 페달을 밀어 내려 발을 족저굴곡으로 만든다.
● 골반을 중립 자세로 둔다.
● 양손 또는 봉(stick)을 무릎에 대어 움직임이 일어나지 않도록 한다.

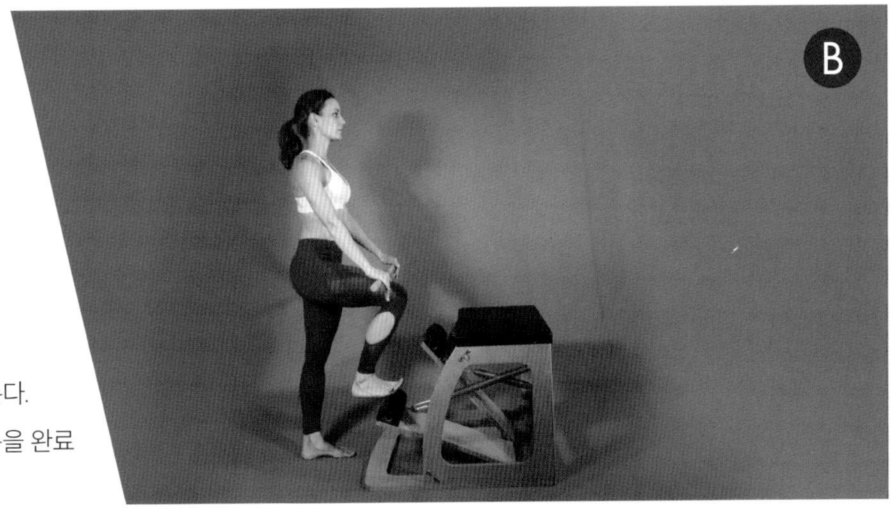

B. 운동
● 페달을 올리면서 발을 족배굴곡으로 만든다.
● 다시 발을 밀어 내려(시작 자세) 1회 반복을 완료한다.

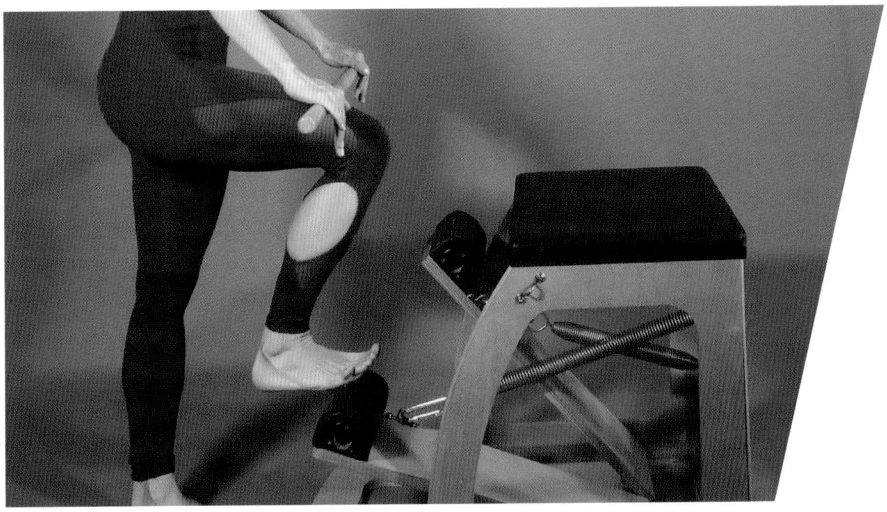

4. 교대 시팅 카프 Alternating Sitting Calves

●**레벨** : 중급 ●**스프링 장력** : 약 또는 중

●**관련 근육** : 비복근, 가자미근, 후경골근, 발가락 굴근, 비골근

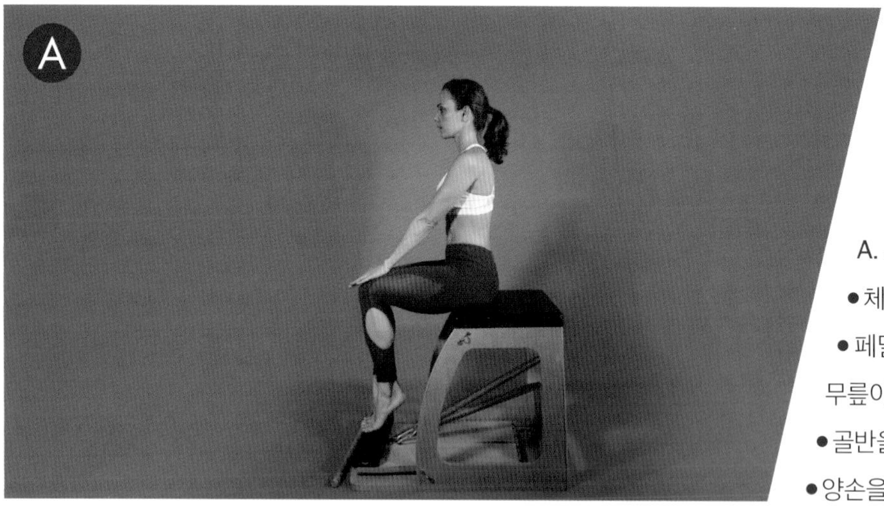

A. 시작 자세

●체어에 앉아 양 발가락을 페달에 올려놓는다.

●페달을 밀어 내려 발을 족저굴곡으로 만들고 무릎이 90도가 되게 한다.

●골반을 중립 자세로 둔다.

●양손을 무릎에 대어 움직임을 방지한다.

B. 운동

●한쪽 페달을 올리면서 그쪽 발을 족배굴곡으로 만든다.

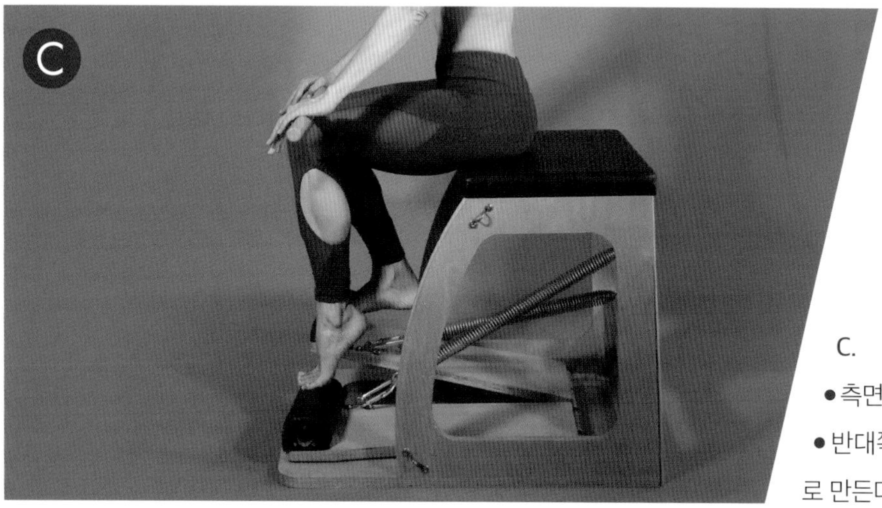

C.

●측면을 교대한다.

●반대쪽 페달을 올리면서 그쪽 발을 족배굴곡으로 만든다.

관련 근육

비복근, 가자미근, 후경골근, 발가락 굴근, 비골근

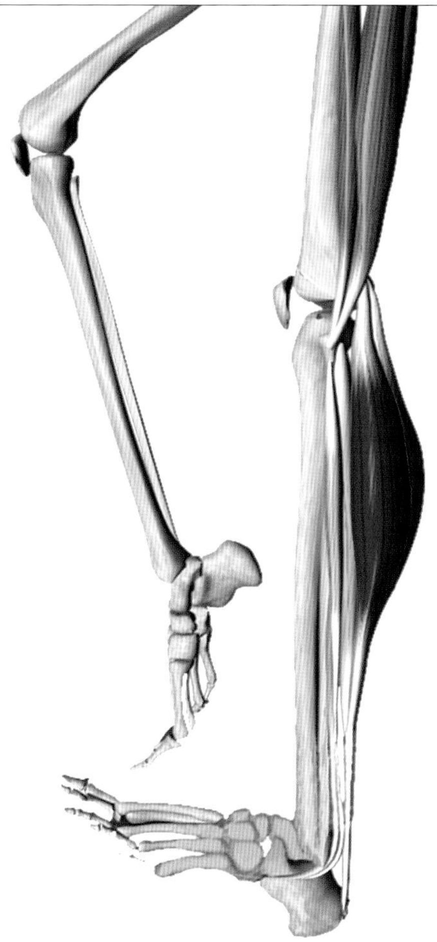

대퇴이두근(단두와 장두)이 등척성으로 수축하여
경대퇴관절(tibiofemoral joint)을 정렬한다.
내측 햄스트링과 함께 대퇴이두근은
경골의 내회전 또는 외회전을 방지한다.

5. 풋워크 : 발가락 Footwork - Toes

● **레벨** : 중급 ● **스프링 장력** : 중 또는 강

● **관련 근육** : 비복근, 햄스트링, 대퇴사두근, 가자미근, 대둔근, 척추기립근, 복근

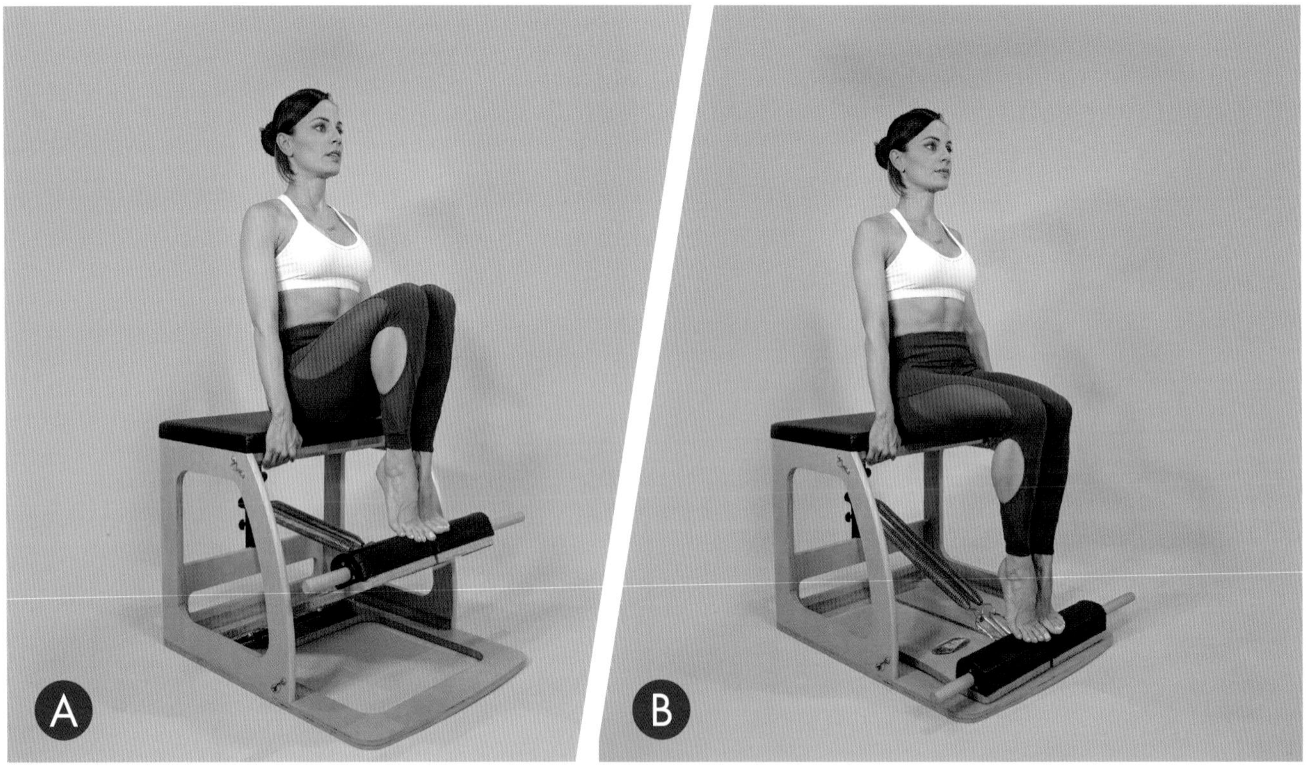

A. 시작 자세

● 체어에 앉아 양발을 모아 발가락을 페달에 올려놓고 양손으로 체어를 잡는다.

● 골반을 중립 자세로 둔다.

B. 운동

● 페달을 밀어 내려 바닥에 닿게 한다.

● 골반을 중립 자세로 유지한 채 시작 자세로 되돌아간다.

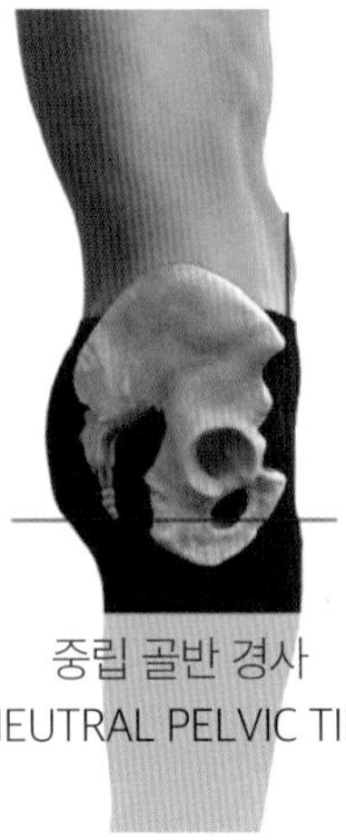

중립 골반 경사
NEUTRAL PELVIC TILT

관련 근육

비복근, **햄스트링**, 대퇴사두근, **가자미근**, 대둔근, **척추기립근**, 복근

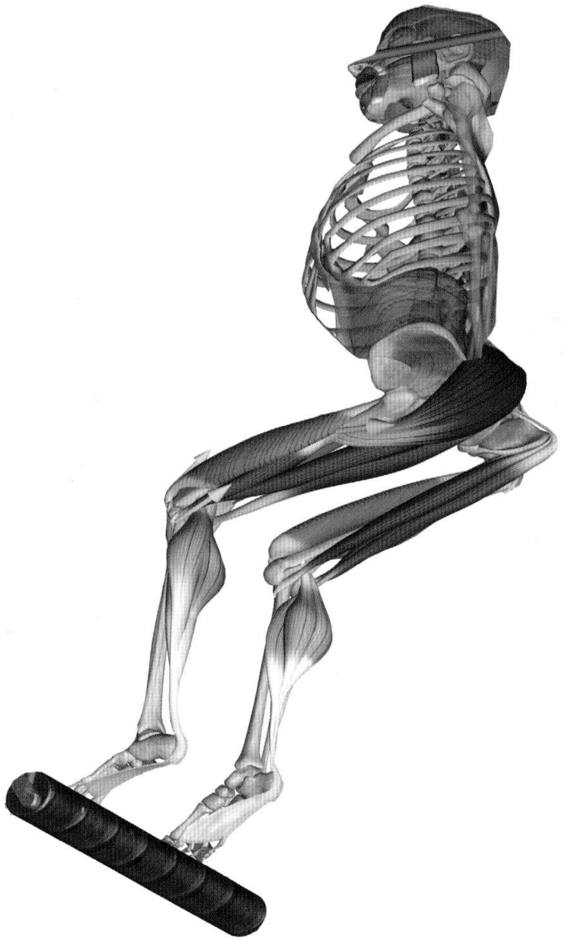

페달이 밀려 내려가면서 고관절 신근이 주동근육(prime mover)으로 수축한다.
대퇴사두근은 등척성으로 수축하여 무릎의 각도를 안정화하고
비복근과 가자미근 역시 등척성으로 수축하여 족저굴곡의 발목을 안정화한다.

6. 풋워크 : 발뒤꿈치

Footwork - Heels

• **레벨** : 중급   • **스프링 장력** : 중 또는 강

• **관련 근육** : 햄스트링, 대퇴사두근, 가자미근, 대둔근, 척추기립근, 복근

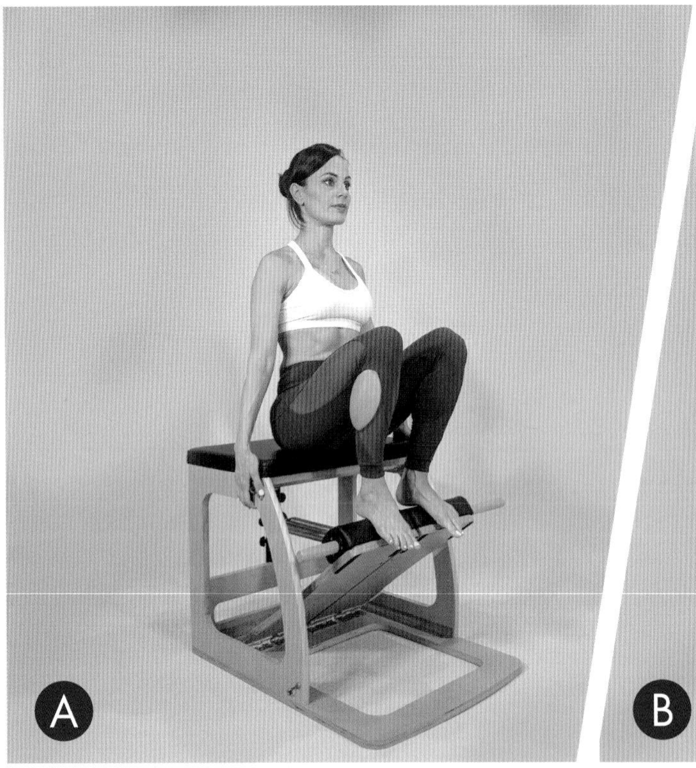

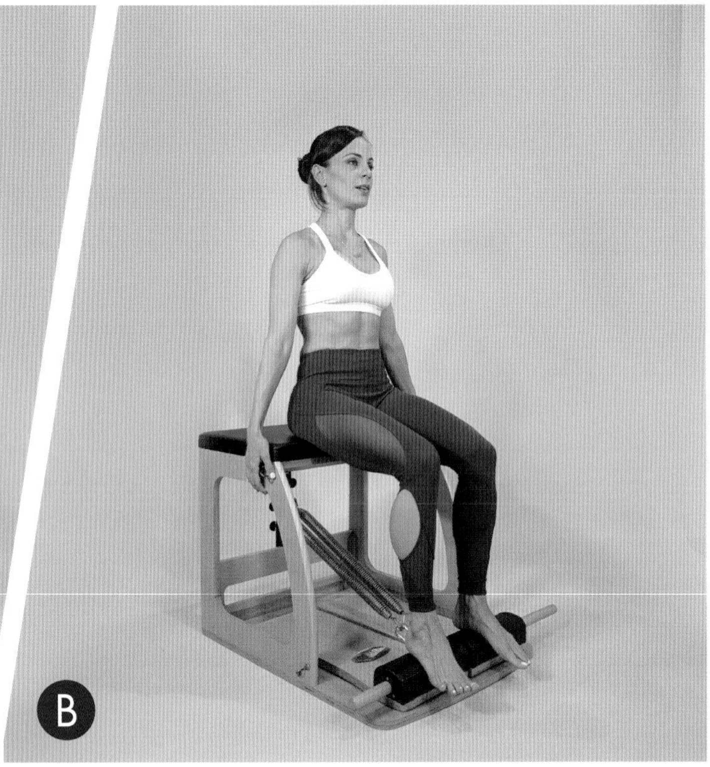

A. 시작 자세

• 체어에 앉아 다리를 어깨너비로 벌려 양 발뒤꿈치를 페달에 나란히 올려놓고 양손으로 체어를 잡는다.

• 골반을 중립 자세로 둔다.

B. 운동

• 페달을 밀어 내려 바닥에 닿게 한다.

• 골반을 중립 자세로 유지하면서 시작 자세로 되돌아간다.

C. 응용운동

• 다리를 모으고 가슴 앞쪽으로 팔짱을 낀다.

관련 근육

햄스트링, 대퇴사두근, 가자미근, 대둔근, 척추기립근, 복근

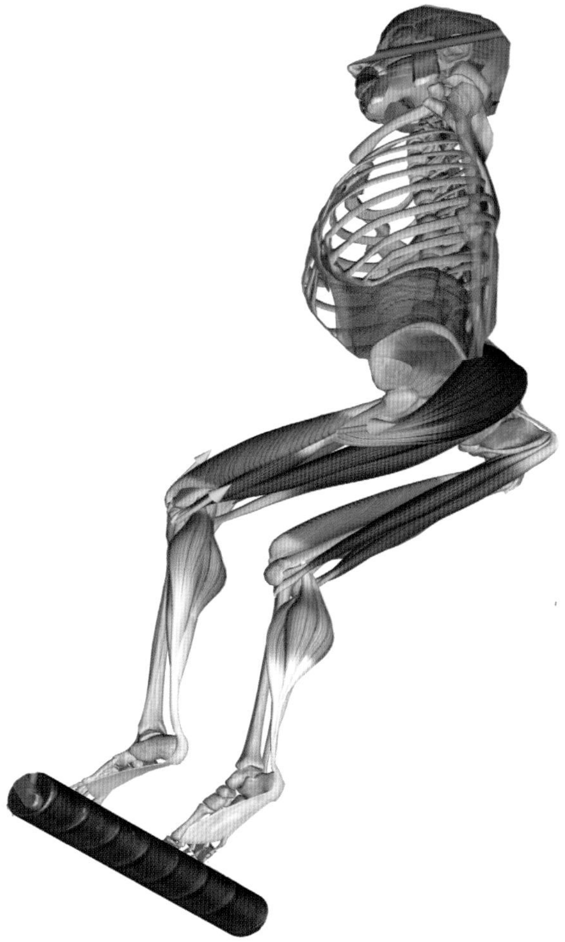

외측 및 내측 햄스트링의 수축은 페달의 움직임을 제어한다.
아울러 경골과 대퇴골의 정렬은 외측 및 내측 햄스트링이 대등하게 수축하는 힘에 달려 있다.
이렇게 대등하고 대립하는 힘이 없으면 경골이 내회전 또는 외회전을 일으킬 것이다.

7. 풋워크 : 발가락 V 자세

Footwork - Toes V Position

● **레벨** : 중급　● **스프링 장력** : 중

● **관련 근육** : 가자미근, 비복근, 햄스트링, 대퇴사두근, 고관절 외회전근, 대둔근, 척추기립근, 복근

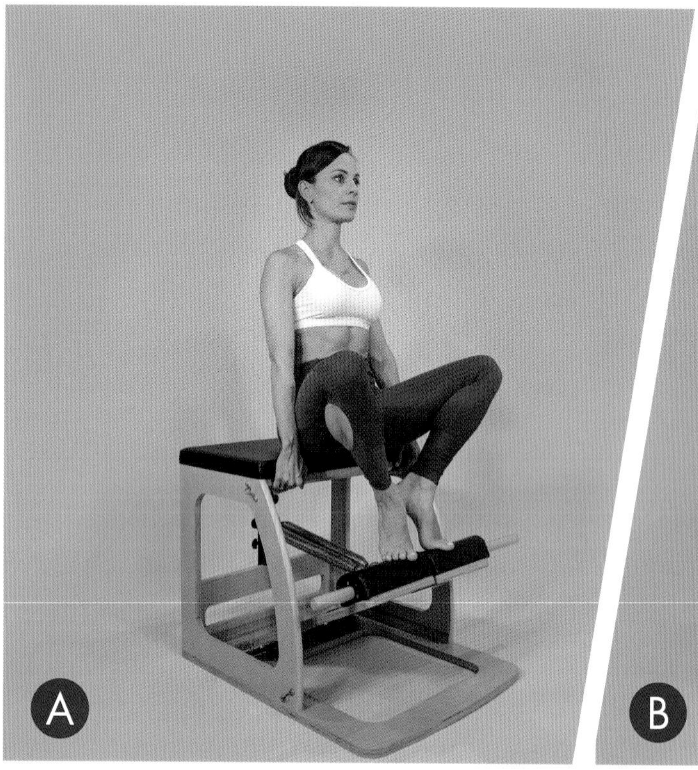

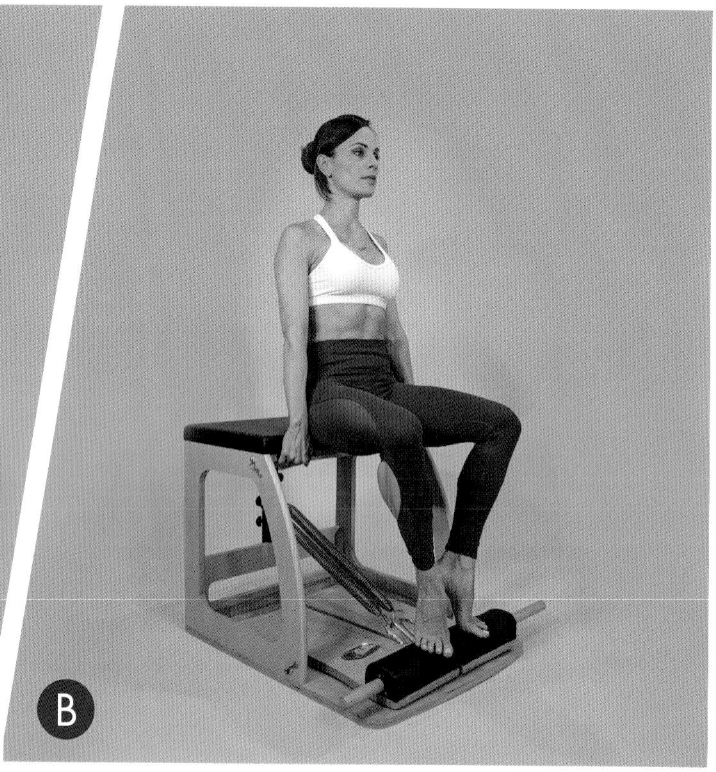

A. 시작 자세

● 체어에 앉아 양발의 볼을 페달에 올려놓고 양손으로 체어를 잡는다. 이때 골반을 중립 자세로 둔다.

● 발뒤꿈치를 모으고 다리를 외회전시킨다.

● 무릎과 발가락을 정렬한다.

B. 운동

● 페달을 밀어 내려 바닥에 닿게 한다.

● 골반을 중립 자세로 유지하면서 시작 자세로 되돌아간다.

C. 응용운동

● 발볼 대신 발뒤꿈치를 페달에 올려놓는다.

관련 근육

가자미근, 비복근, 햄스트링, 대퇴사두근, 고관절 외회전근, 대둔근, 척추기립근, 복근

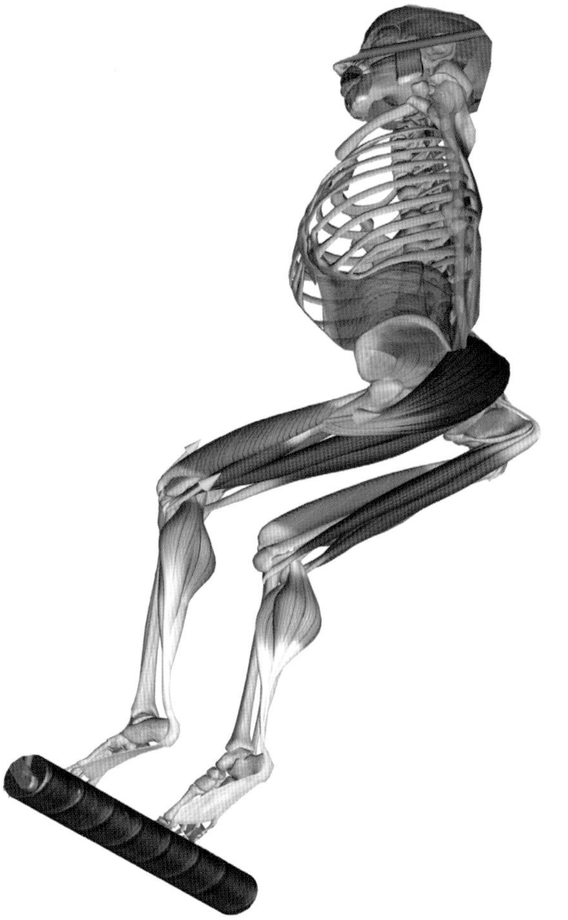

대둔근과 심부 고관절 외회전근의 동시수축이 내전근과 함께 다리를 외회전 상태로 유지한다.

8. 풋워크 : 발가락 V 자세 변형운동 Footwork – Toes second position

● **레벨** : 중급 ● **스프링 장력** : 중

● **관련 근육** : 가자미근, 비복근, 햄스트링, 대퇴사두근, 고관절 외회전근, 대둔근, 척추기립근, 복근

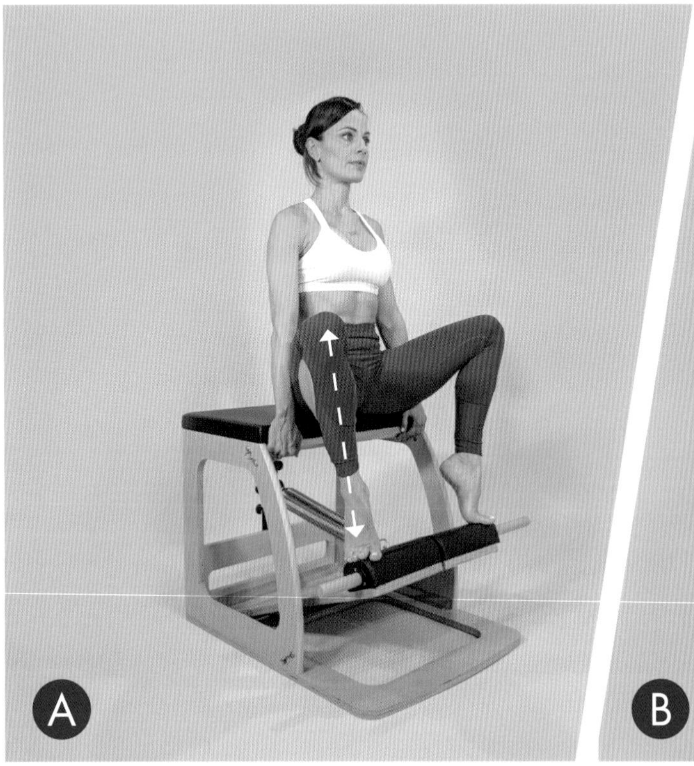

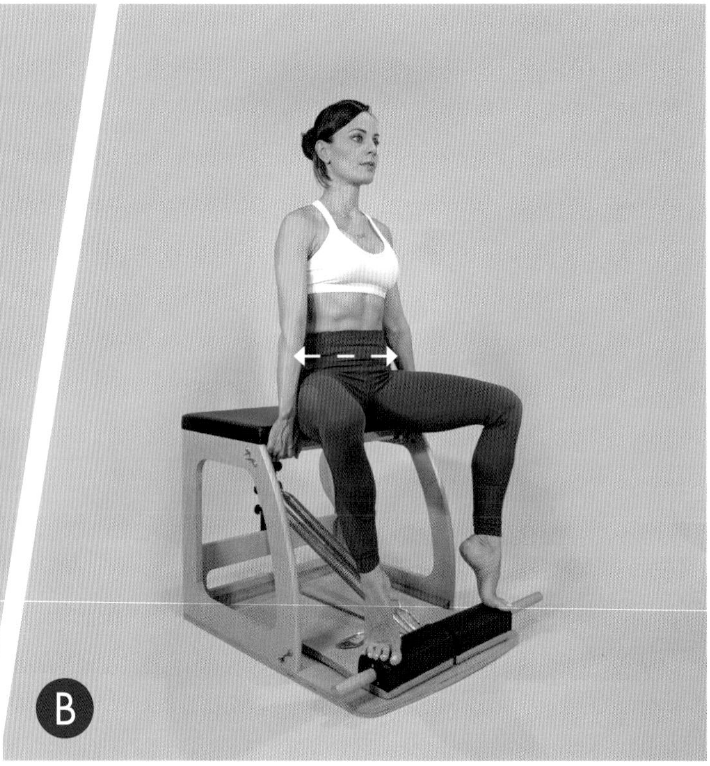

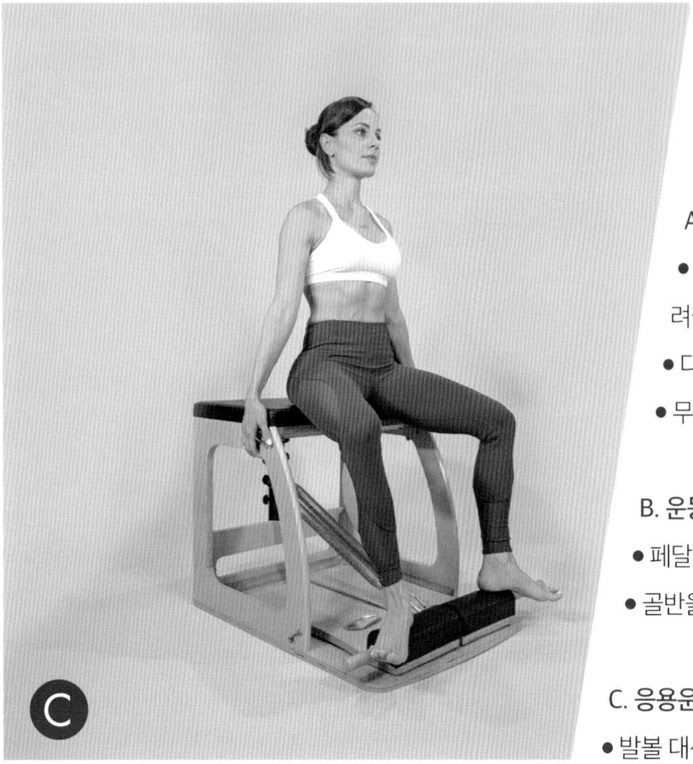

A. 시작 자세

● 체어에 앉아 양발을 어깨너비보다 넓게 벌려 발볼을 페달에 올려놓고 양손으로 체어를 잡는다. 이때 골반을 중립 자세를 둔다.

● 다리를 외회전시킨다.

● 무릎과 발가락을 정렬한다.

B. 운동

● 페달을 밀어 내려 바닥에 닿게 한다.

● 골반을 중립 자세로 유지하면서 시작 자세로 되돌아간다.

C. 응용운동

● 발볼 대신 발뒤꿈치를 페달에 올려놓는다.

9. 풋워크 : 발뒤꿈치 교대 운동 Footwork – Heels alternating legs

- **레벨** : 중급 ● **스프링 장력** : 중
- **관련 근육** : 대퇴사두근, 햄스트링, 대둔근, 척추기립근, 복근

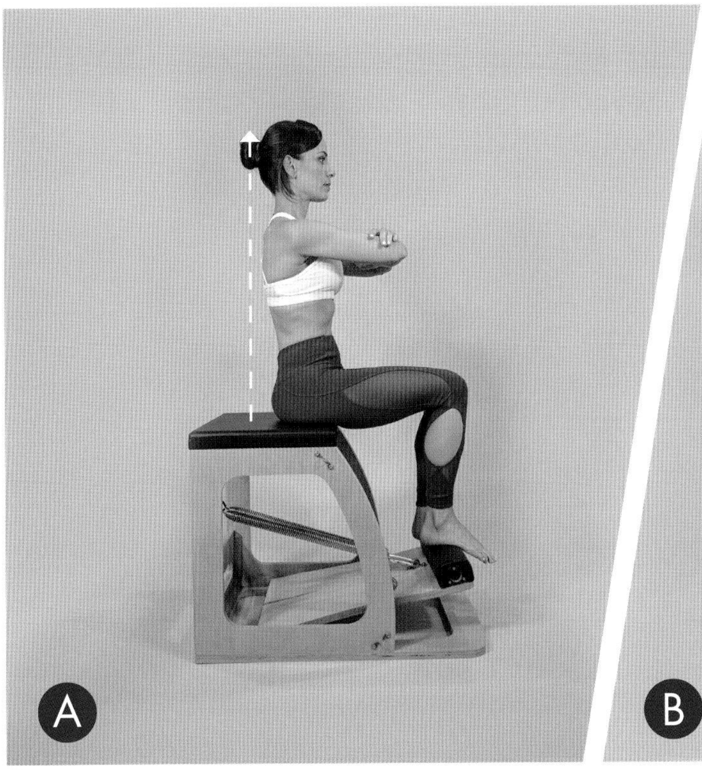

A. 시작 자세

- 체어에 앉아 다리를 모아 발뒤꿈치를 페달에 나란히 올려놓고 페달을 밀어 내린다.
- 가슴 앞쪽으로 팔짱을 끼고 골반을 중립 자세로 둔다.

B. 운동

- 한쪽 발로 페달을 밀어 내리면서 다른 쪽 발을 올린다.

C.

- 다리를 교대하며 운동한다.

10. 풋워크 : 한 다리

Footwork – Single Leg

● **레벨** : 중급 ● **스프링 장력** : 중

● **관련 근육** : 대퇴사두근, 햄스트링, 대둔근, 고관절 굴근, 척추기립근, 복근

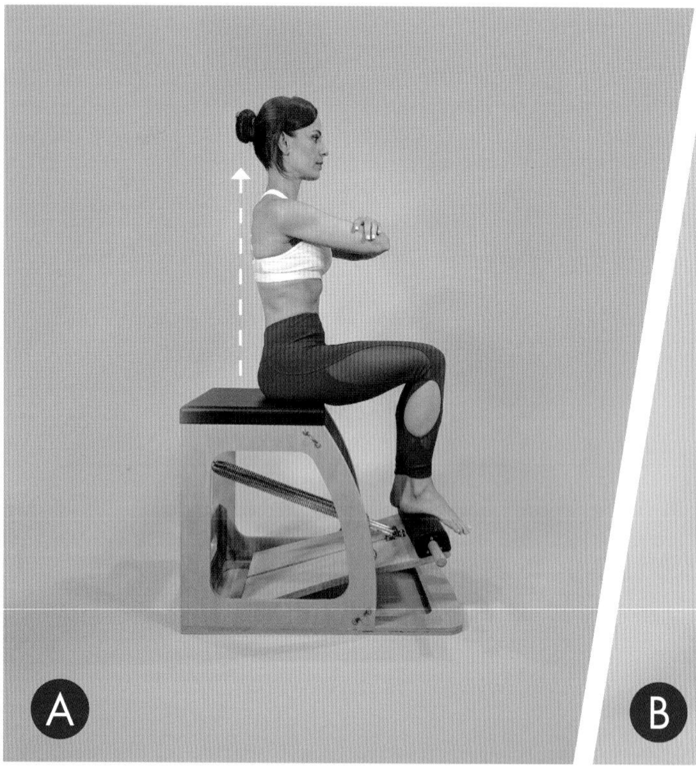

A. 시작 자세

● 체어에 앉아 가슴 앞쪽으로 팔짱을 낀다. 이때 골반을 중립 자세로 둔다.

● 발뒤꿈치를 모아 페달에 나란히 올려놓고 페달을 밀어 내린다.

B. 운동

● 한쪽 다리를 앞쪽으로 펴되, 양쪽 엉덩이의 높이를 동일하게 유지한다.

C.

● 다른 쪽 발로 페달을 밀어 내리고 골반을 중립 자세로 유지하면서 시작 자세로 되돌아간다.

11. 풋워크 : 한 다리 외회전 Footwork – Single Leg in external rotation

● **레벨** : 중급 ● **스프링 장력** : 중

● **관련 근육** : 대퇴사두근, 햄스트링, 내전근, 대둔근, 고관절 굴근, 척추기립근, 복근

A. 시작 자세

● 체어에 옆으로 앉아 한쪽 발뒤꿈치를 페달에 올려놓는다.

● 골반을 수평면에서 중립 자세로 둔다.

● 사진과 같이 양팔을 올리는 것은 선택 사항이다.

B. 운동

● 페달을 밀어 내리되, 양쪽 전상장골극(ASIS)을 동일한 높이로 유지한다.

● 페달을 되돌려 1회 반복을 완료한다.

12. 스탠딩 페달 프레스 Standing Pedal Press

● **레벨** : 중급 ● **스프링 장력** : 중

● **관련 근육** : 가자미근, 비복근, 고관절 외전근, 고관절 신근

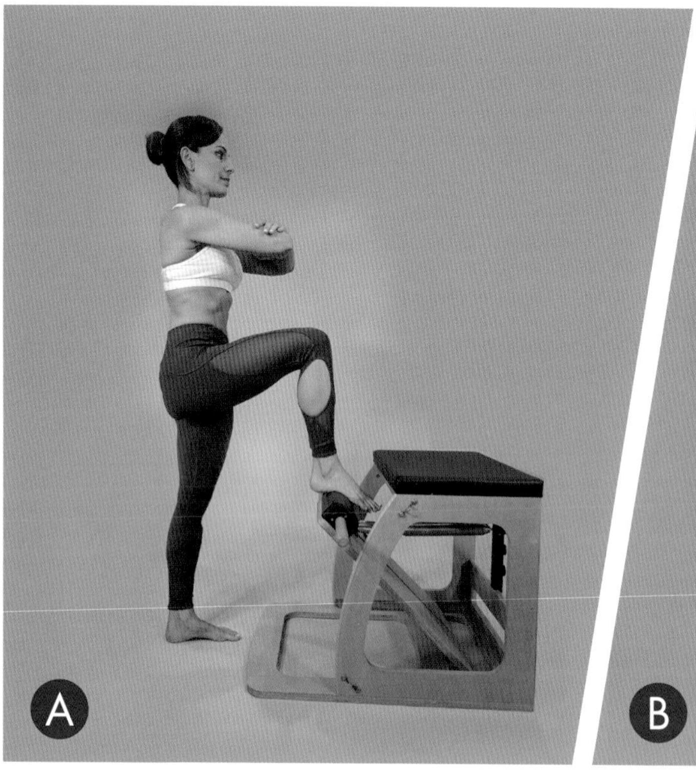

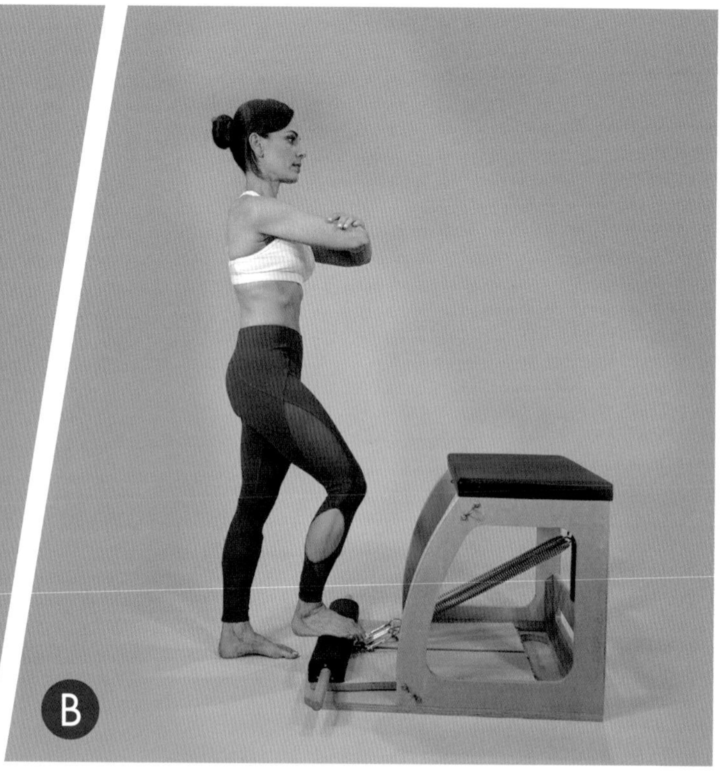

A. 시작 자세

● 체어 앞쪽에 서서 한쪽 발을 페달에 올려놓고 가슴 앞쪽으로 팔짱을 낀다.

● 골반을 수평면에서 중립 자세로 둔다.

B. 운동

● 페달을 바닥으로 밀어 내리되, 골반을 중립 자세로 유지한다.

● 스프링의 저항을 제어하면서 시작 자세로 되돌아간다.

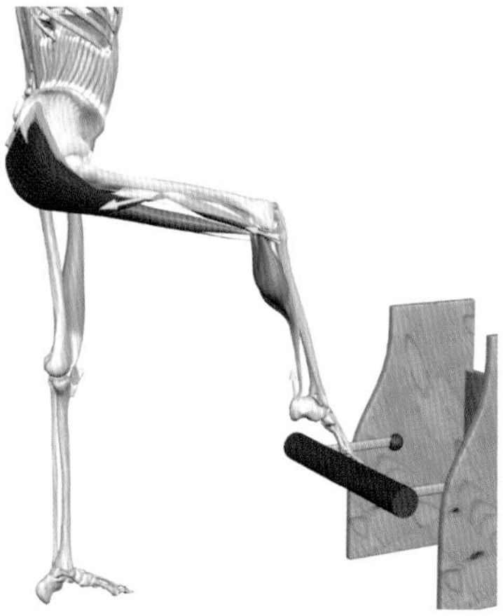

관련 근육

가자미근, 비복근, 고관절 외전근, 고관절 신근

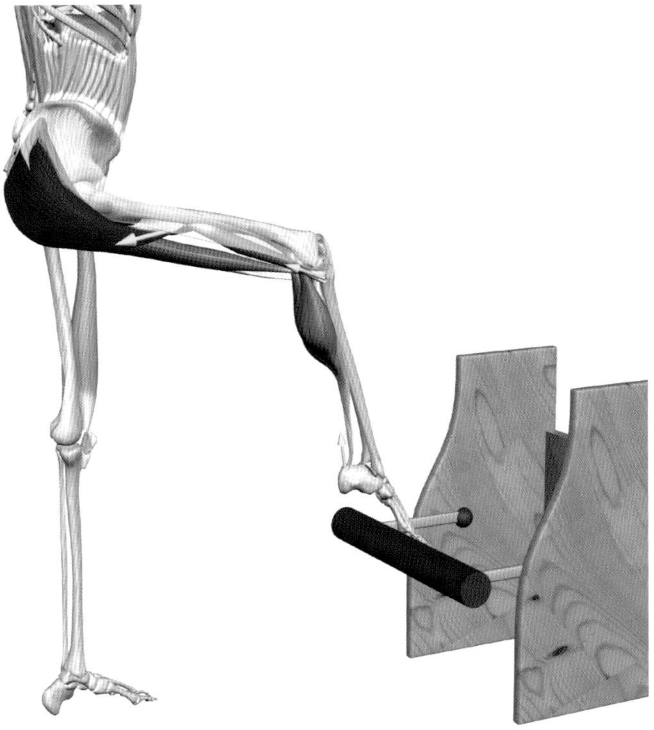

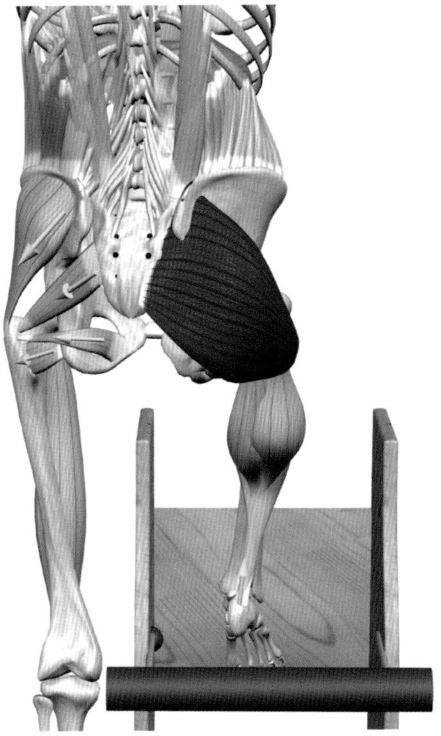

대퇴골에서 정지(종지)하는 대둔근의 신근 섬유는 이러한 동작의 주동근육이다.
지지하는 다리의 중둔근 및 소둔근과 심부 고관절 회전근이 작용해
골반의 측면 경사와 회전을 방지한다.

13. 몸통 회전 스탠딩 페달 프레스 Standing Pedal Press with trunk rotation

● **레벨** : 중급 ● **스프링 장력** : 중

● **관련 근육** : 가자미근, 비복근, 고관절 외전근, 고관절 신근, 복사근

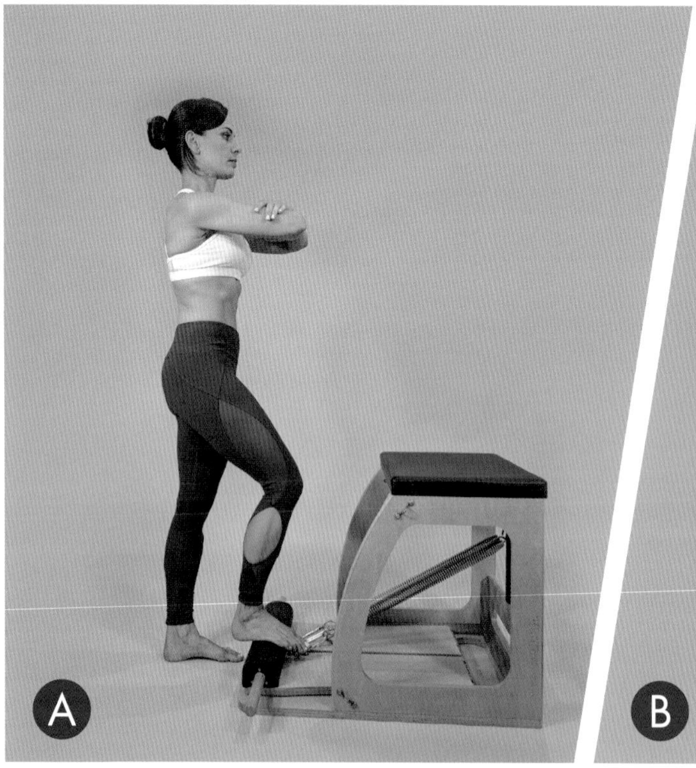

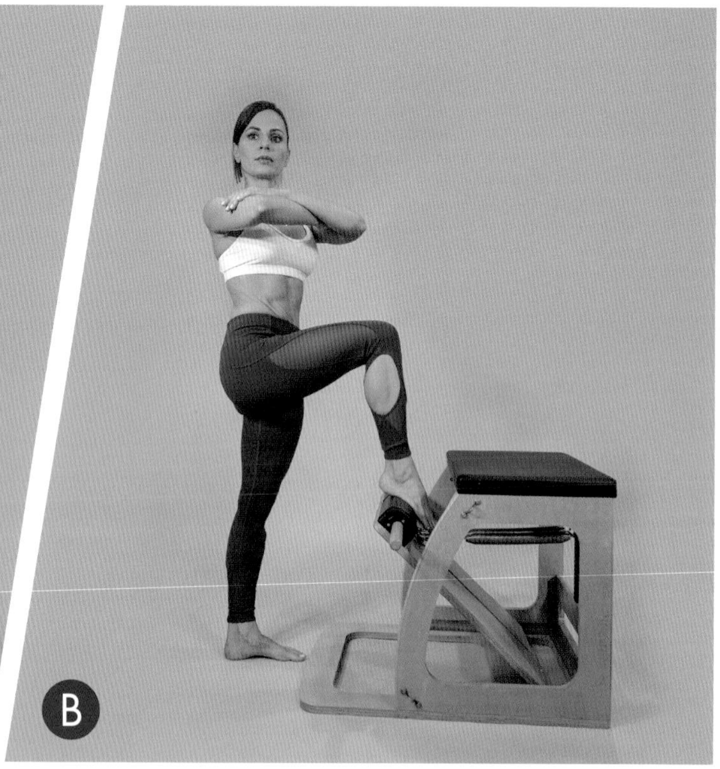

A. 시작 자세

● 체어 앞쪽에 서서 한쪽 발을 페달에 올려 페달을 바닥으로 밀어 내리고 가슴 앞쪽으로 팔짱을 낀다.

● 골반을 중립 자세로 둔다.

B. 운동

● 스프링의 저항을 제어하면서 페달을 올리고 동시에 그쪽으로 몸통을 회전시킨다.

C.

● 페달을 다시 바닥으로 밀어 내리고 몸통을 중립 자세로 되돌린다.

관련 근육

가자미근, 비복근, 고관절 외전근, 복사근, 고관절 신근

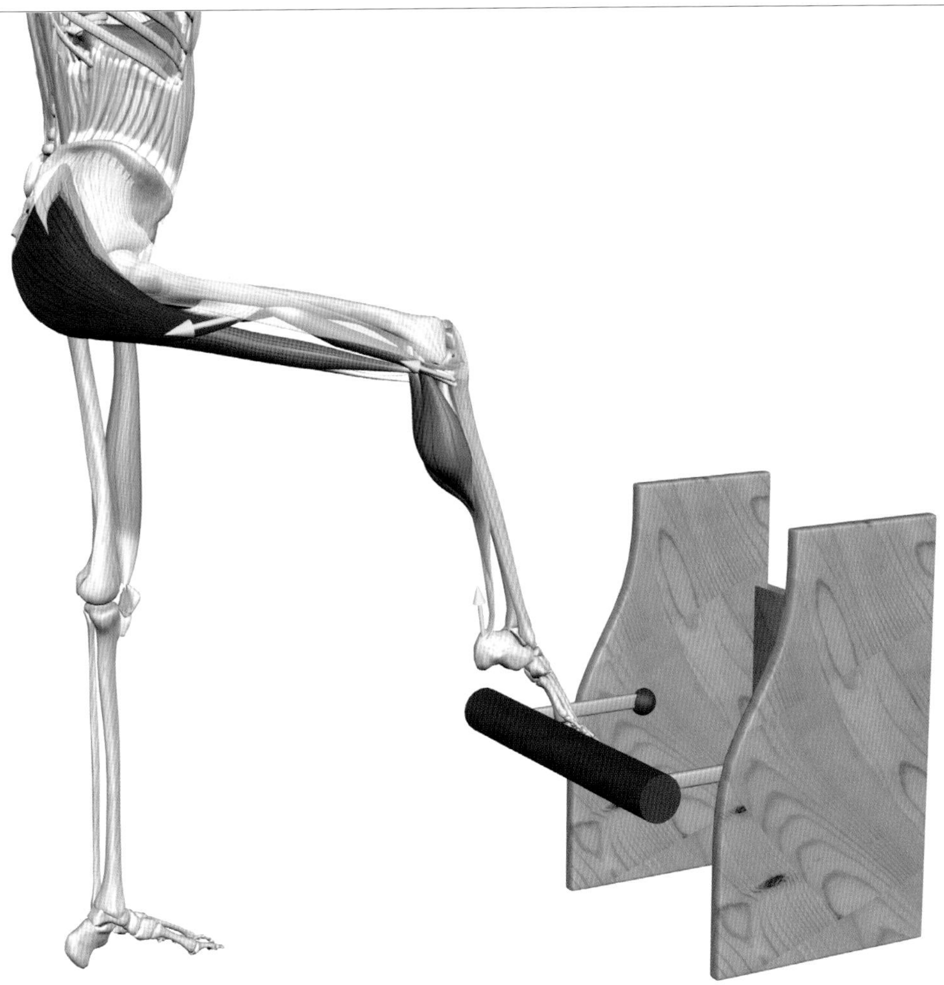

14. 닐링 프레스 다운 Kneeling Press Down

● **레벨** : 중급　● **스프링 장력** : 중
● **관련 근육** : 고관절 신근, 대퇴사두근, 복근

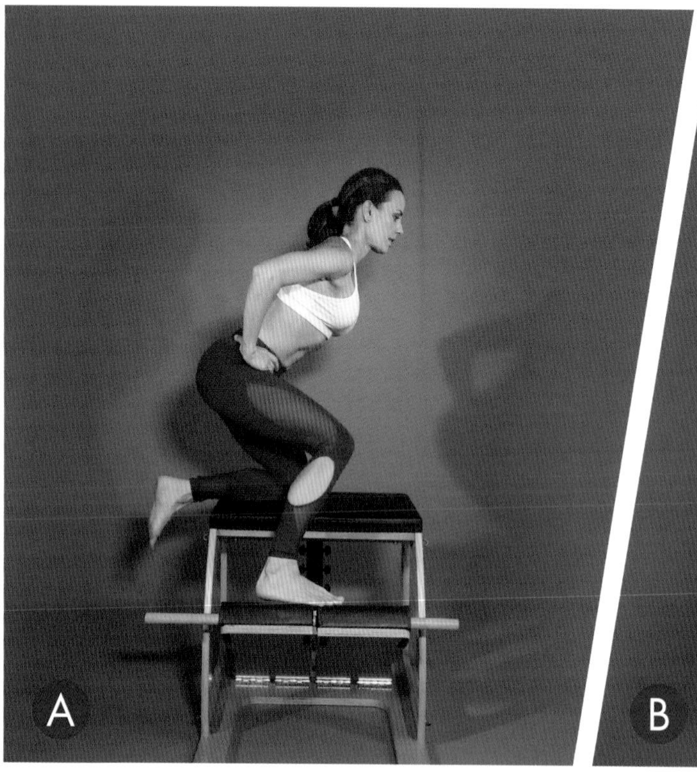

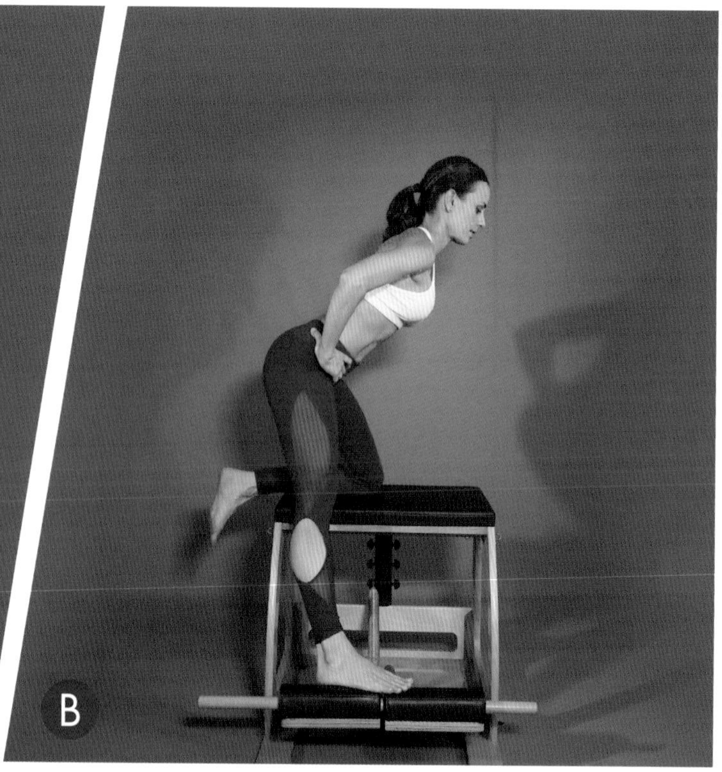

A. 시작 자세

● 체어에 옆으로 올라 무릎을 꿇고 한쪽 발을 페달에 올려놓는다.

● 양손을 허리에 얹고 골반을 중립 자세로 둔다.

● 체어에 댄 무릎을 페달 위의 발과 정렬한다.

B. 운동

● 페달을 밀어 내린다.

● 스프링의 장력을 제어하면서 페달을 위쪽으로 되돌린다 (시작 자세).

15. 러시안 프레스 다운 Russian Press Down

● **레벨** : 상급 ● **스프링 장력** : 중

● **관련 근육** : 가자미근, 비복근, 고관절 굴근, 고관절 신근, 복근

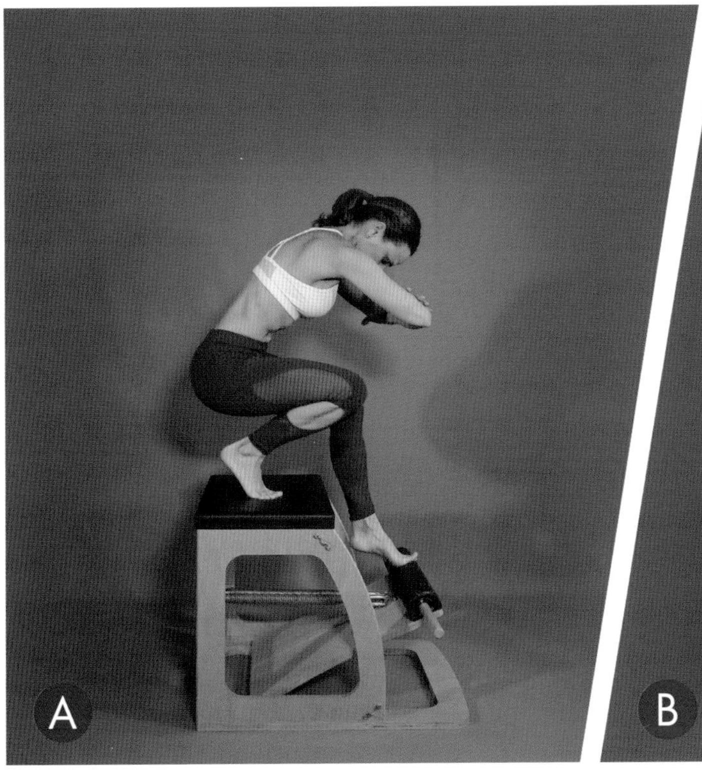

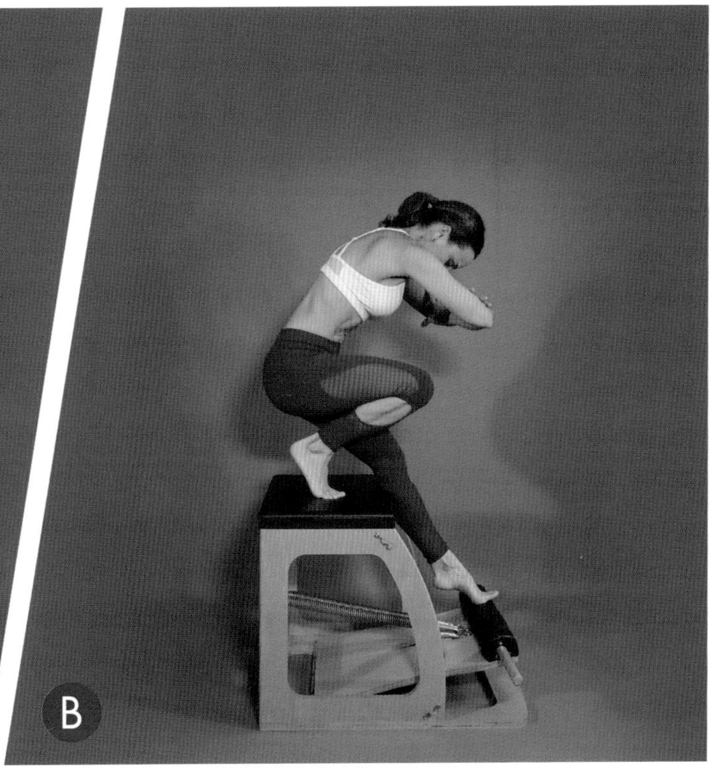

A. 시작 자세

● 체어에 뒤로 올라 한쪽 발볼을 체어에 대고 다른 쪽 발볼을 페달에 올려놓는다.

● 엉덩이는 체어 위에 있는 발의 발뒤꿈치에서 떨어뜨린 상태를 유지한다.

● 가슴 앞쪽으로 팔짱을 낀다.

B. 운동

● 페달을 밀어 내리되, 몸의 자세를 유지한다.

● 시작 자세로 되돌아가 1회 반복을 완료한다.

16. 다리 교차 프레스 다운 Press Down crossed leg

● **레벨** : 중급 ● **스프링 장력** : 약

● **관련 근육** : 비복근, 고관절 외전근, 대퇴사두근, 고관절 신근, 복근

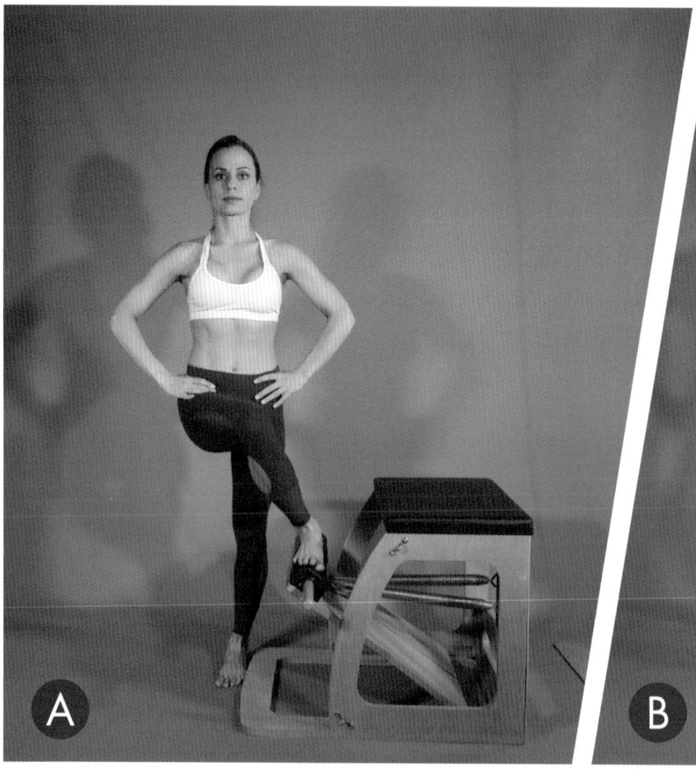

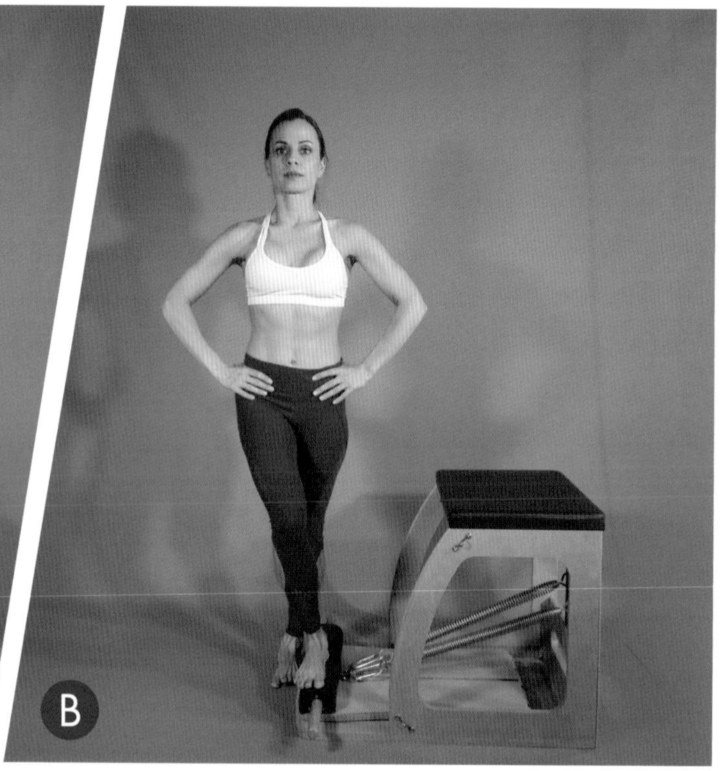

A. 시작 자세

● 체어 앞쪽에 옆으로 서서 바깥쪽 발을 페달에 올려 놓고 안쪽 발을 평행하게 둔다.

● 양손을 허리에 얹고 골반을 중립 자세로 둔다.

B. 운동

● 페달을 밀어 내리되, 엉덩이를 중립 자세로 유지한다.

● 시작 자세로 되돌아가 1회 반복을 완료한다.

17. 외회전 프레스 다운 Press Down external rotation

● **레벨** : 중급 ● **스프링 장력** : 중

● **관련 근육** : 고관절 외전근, 고관절 내전근, 대퇴사두근, 고관절 신근, 복근

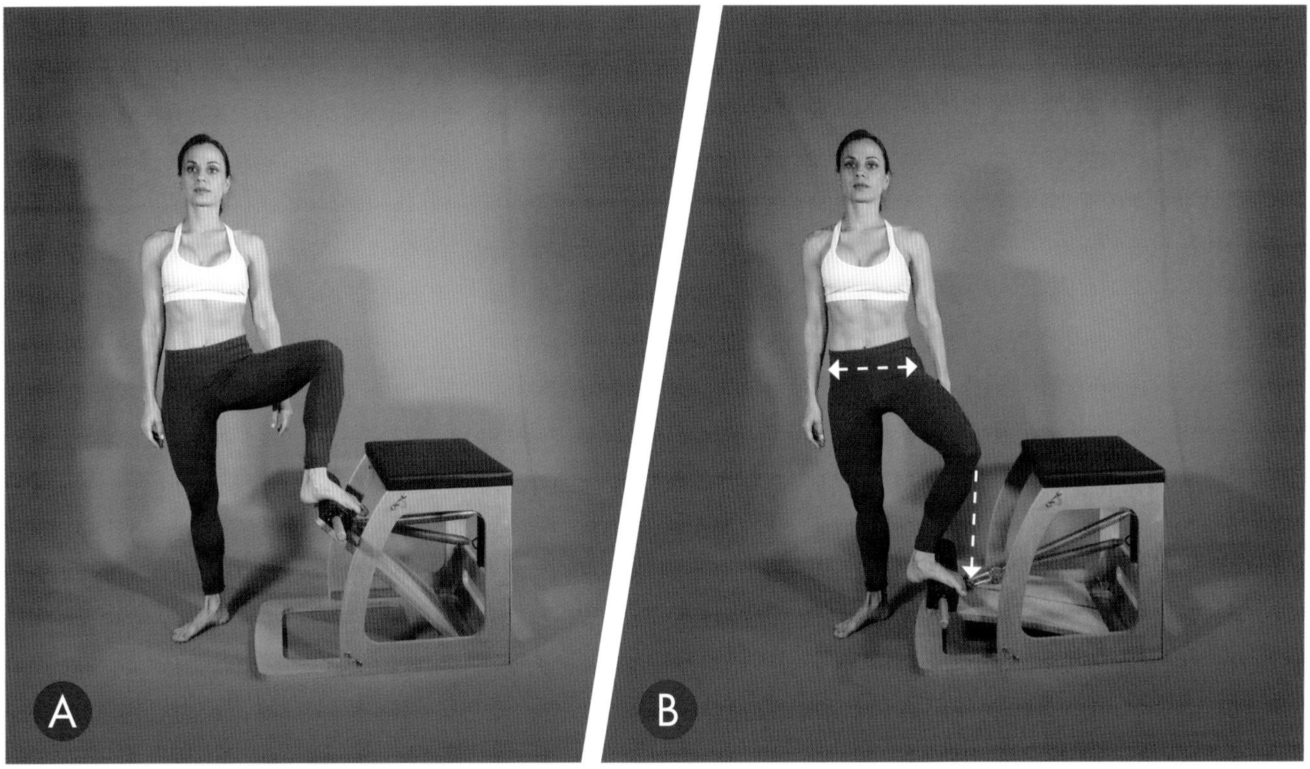

A. 시작 자세

● 체어 앞쪽에 옆으로 서서 안쪽 발을 페달에 올려놓고 다리를 외회전시킨다.

● 지지하는 다리도 외회전시키고 골반을 중립 자세로 둔다.

B. 운동

● 페달을 밀어 내리되, 무릎을 발 위로 유지한다.

● 시작 자세로 되돌아가 1회 반복을 완료한다.

18. 다리 구부려 프레스 다운 Press Down first position bent leg

● **레벨** : 중급 ● **스프링 장력** : 중

● **관련 근육** : 고관절 외전근, 고관절 내전근, 대퇴사두근, 고관절 신근, 복근

A. 시작 자세

● 체어 앞쪽에 옆으로 서서 안쪽 발을 페달에 올려놓고 다리를 외회전시킨다.

● 지지하는 다리도 외회전시키고 무릎을 구부리되 발 위로 둔다.

● 가슴 앞쪽으로 팔짱을 끼고 골반을 중립 자세로 둔다.

B. 운동

● 페달을 밀어 내리되, 양 무릎을 발 위로 유지한다.

● 시작 자세로 되돌아가 1회 반복을 완료한다.`

19. 스텝 업 Step Up

● **레벨** : 중급 ● **스프링 장력** : 중 또는 강

● **관련 근육** : 비복근, 고관절 외전근, 고관절 내전근, 대퇴사두근, 고관절 신근, 복근

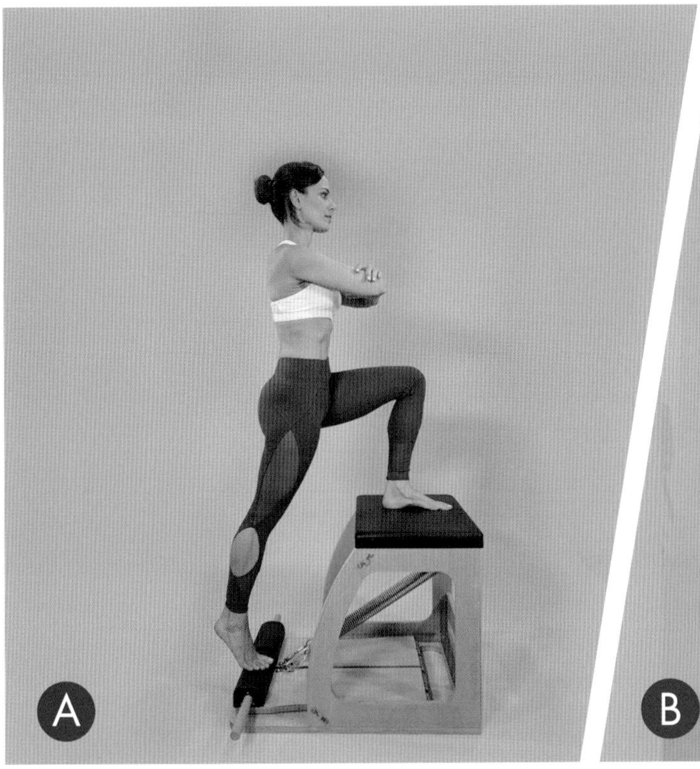

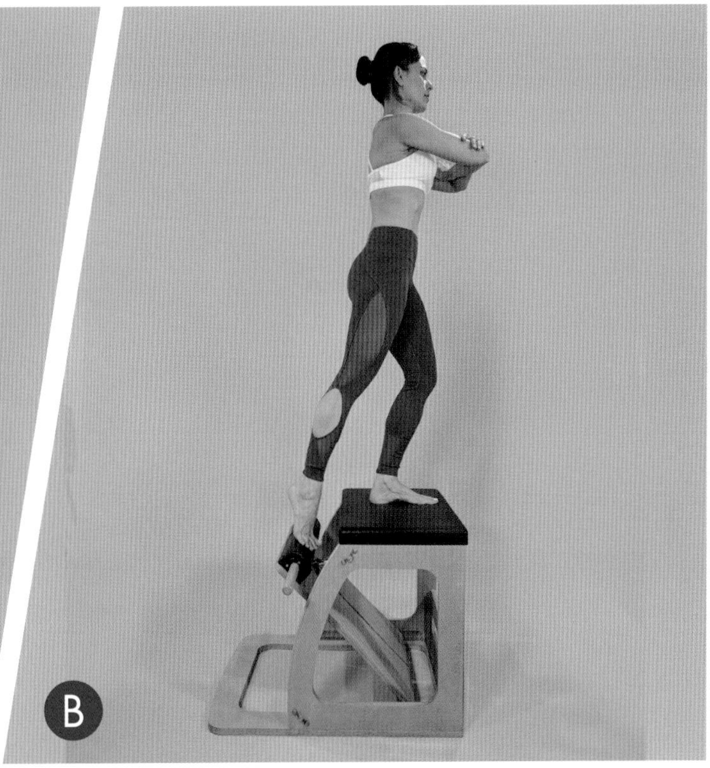

A. 시작 자세

● 가슴 앞쪽으로 팔짱을 끼고 골반을 중립 자세로 둔다.

● 체어 앞쪽에 서서 한쪽 발가락을 페달에, 다른 쪽 발을 체어에 올려놓아 계단 오르기 자세를 취한다.

B. 운동

● 페달을 올린다.

● 체어 위에 있는 발을 강하게 눌러 몸을 들어 올린다.

C.

● 지지하는 다리를 펴고 반대쪽 다리를 뻗는다.

● 몸통을 중립 자세로 유지한다.

관련 근육

비복근, 고관절 외전근, 고관절 내전근, 대퇴사두근, 고관절 신근, 복근

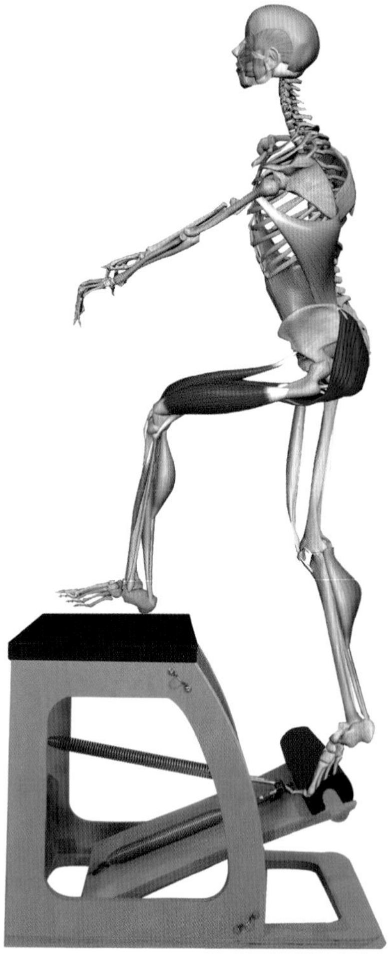

발이 페달에서 떨어지면서 체어 위에 있는 다리가 체중을 지지하고 들어 올린다.
고관절 및 슬관절 신근군이 모두 강하게 작용하여 몸을 종료 자세로 들어 올린다.
고관절 외전근이 수축하여 골반이 체중 부하가 걸리지 않는 쪽으로 처지지 않도록 한다.

20. 다리 90도 굴곡 스텝 업 Step Up with support leg in 90 degrees

- **레벨** : 상급 • **스프링 장력** : 중 또는 강
- **관련 근육** : 비복근, 대퇴사두근, 고관절 신근, 복근

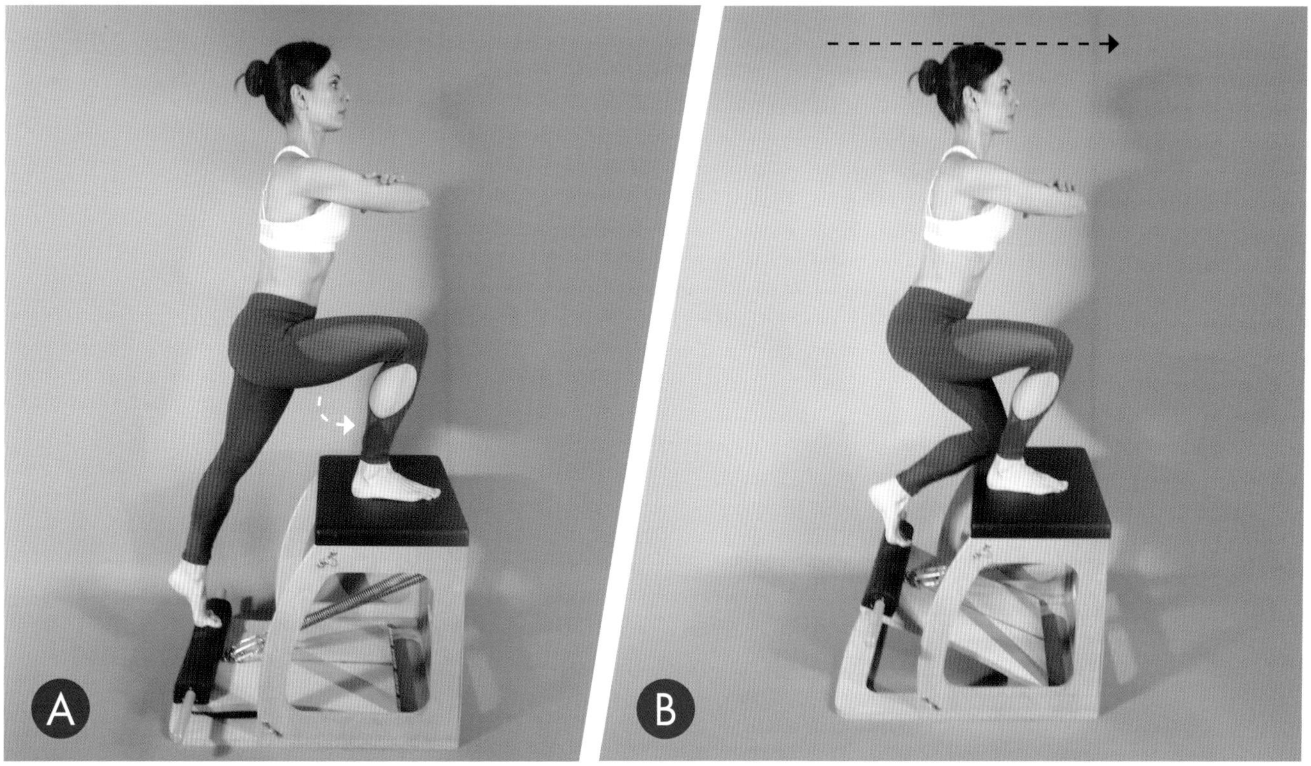

A. 시작 자세

- 체어 앞쪽에 서서 한쪽 발볼을 페달에, 다른 쪽 발을 체어에 올려놓아 계단 오르기 자세를 취한다. 체어 위에 있는 다리를 90도로 구부린다.
- 가슴 앞쪽으로 팔짱을 끼고 골반을 중립 자세로 둔다.

B. 운동

- 체어 위에 있는 다리를 움직이지 않고 90도로 유지하면서 반대쪽 무릎을 체어로 가져간다.
- 페달을 밀어 내려 시작 자세로 되돌아가 1회 반복을 완료한다.
- 머리를 동일한 높이로 유지한다.

관련 근육

비복근, 대퇴사두근, 고관절 신근, 복근

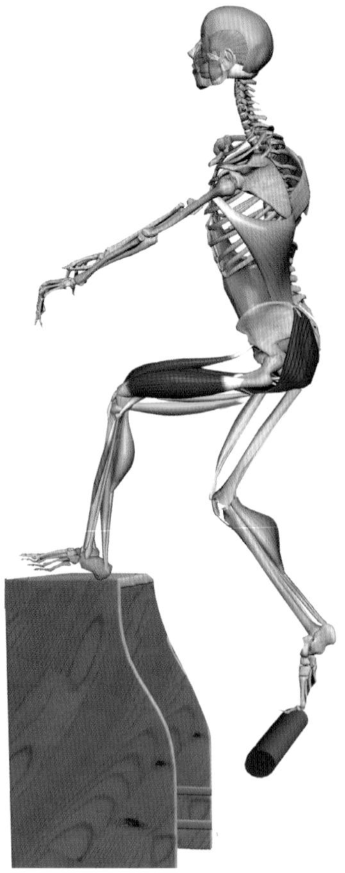

페달을 빠르게 움직이면 대퇴사두근이 강하게 단련될 것이다.
슬관절 신전의 최종 20도에서는 특히 내측두의 사근 부분(oblique portion)이 가장 활성화된다.

21. 몸통 굴곡 스텝 업 Step Up with trunk in flexion

● **레벨** : 중급 ● **스프링 장력** : 중 또는 강

● **관련 근육** : 비복근, 햄스트링, 대퇴사두근, 대둔근, 복근

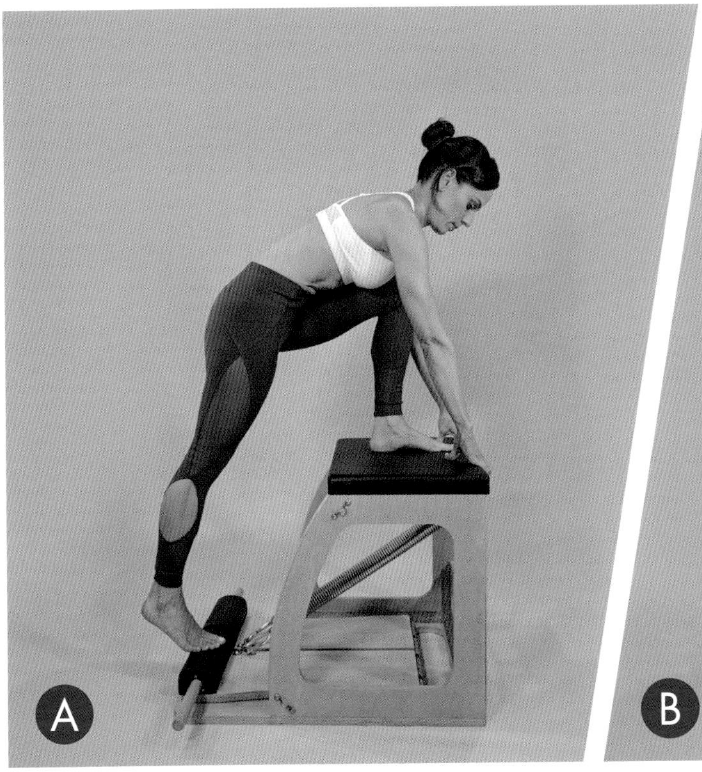

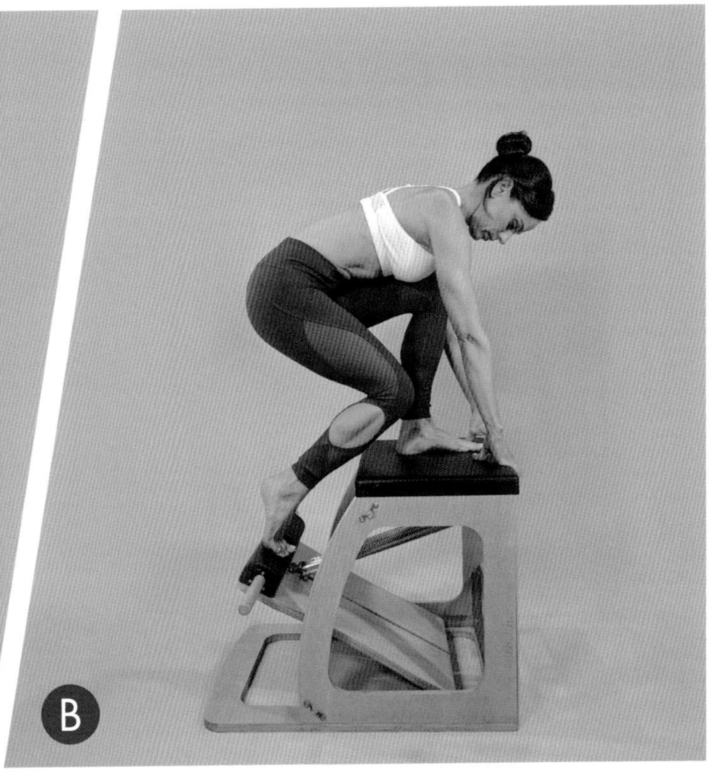

A. 시작 자세

● 체어 앞쪽에 서서 한쪽 발볼을 페달에, 다른 쪽 발을 체어에 올려놓아 계단 오르기 자세를 취한다. 체어 위에 있는 다리를 90도로 구부린다.

● 척추를 굴곡시키고 양손으로 체어 뒤쪽을 잡는다.

B. 운동

● 체어 위에 있는 다리를 90도로 구부린 상태를 유지하면서 스프링의 도움을 받아 반대쪽 무릎을 구부린다.

● 천천히 구부린 다리를 시작 자세로 되돌린다.

관련 근육

비복근, 햄스트링, 대퇴사두근, 대둔근, 복근

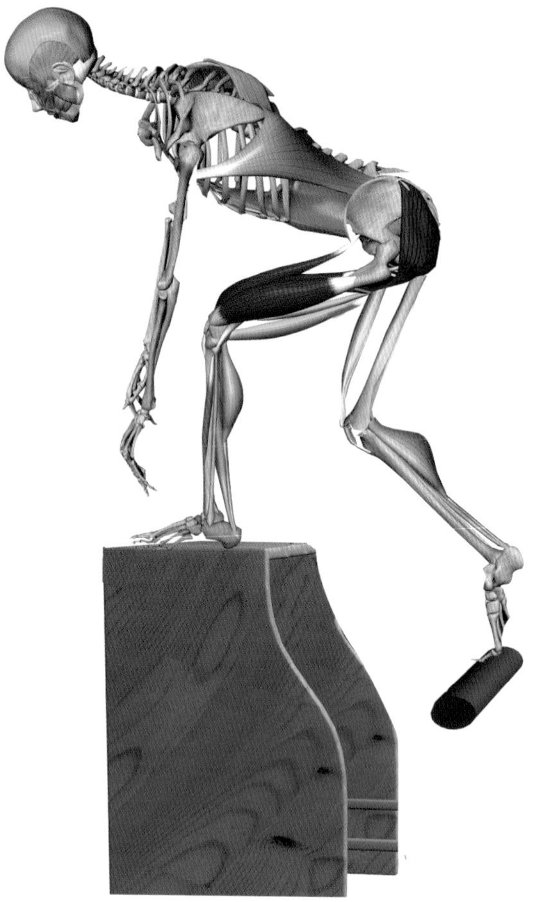

광배근이 강하게 수축하여 몸통을 대퇴(넓적다리) 위로 안정화한다.

22. 외회전 스텝 업 Step Up in external rotation

● **레벨** : 상급 ● **스프링 장력** : 중 또는 강

● **관련 근육** : 비복근, 대퇴사두근, 고관절 신근, 고관절 외전근, 고관절 내전근, 복근

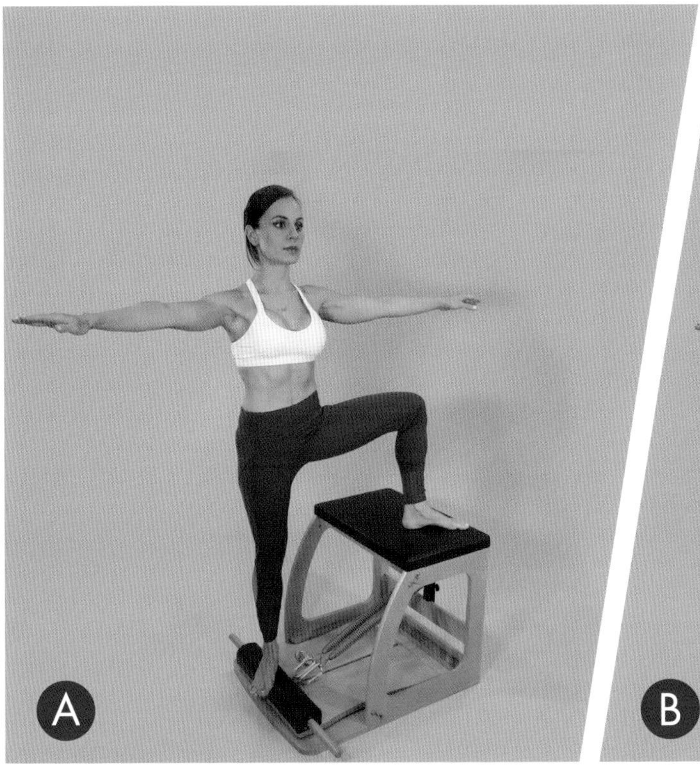

A. 시작 자세

● 체어 앞쪽에 옆으로 서서 바깥쪽 발을 페달에, 안쪽 발을 체어에 올려놓고 두 다리를 외회전시킨다.

● 양팔을 펴서 양옆으로 올리고 골반을 중립 자세로 둔다.

B. 운동

● 페달을 올린다.

● 스프링의 도움을 받아 체중을 체어 위에 있는 다리 쪽으로 옮긴다.

C.

● 체중을 체어 위에 있는 다리에 완전히 싣는다.

● 양쪽 장골능(iliac crest)이 수평으로 동일한 높이에 있도록 한다.

● 지지하는 다리를 약간 구부리고 무릎을 발 위로 둔 상태를 유지한다.

● 페달을 밀어 내려 바닥에 닿게 한다.

23. 누워 내전근 운동

Lying Adductors

● **레벨** : 초급 ● **스프링 장력** : 약 또는 중

● **관련 근육** : 고관절 내전근, 척추기립근, 견갑골 안정근, 복근

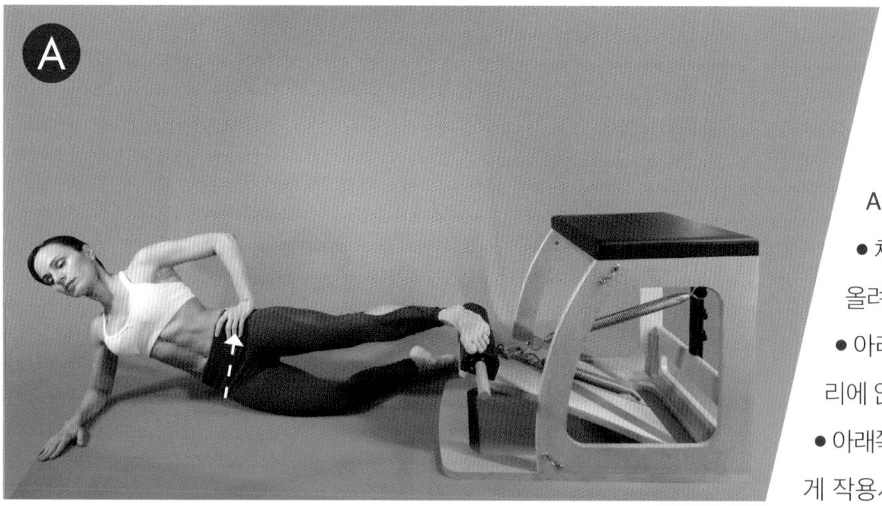

A. 시작 자세

● 체어 앞쪽에 옆으로 누워 위쪽 발을 페달에 올려놓는다.

● 아래쪽 전완으로 몸통을 받치고 위쪽 손을 허리에 얹으며 골반을 중립 자세로 둔다.

● 아래쪽 견갑골 안정근(scapula stabilizers)을 강하게 작용시켜 양쪽 어깨를 동일한 높이로 유지한다.

B. 운동

● 페달을 밀어 내리되, 골반을 중립 자세로 유지한다.

● 위쪽 다리의 대퇴사두근을 조여 슬관절을 지지한다.

● 페달을 시작 자세로 되돌려 1회 반복을 완료한다.

24. 바로 누워 햄스트링 운동 Hamstrings in supine

● **레벨** : 초급 ● **스프링 장력** : 약

● **관련 근육** : 복근, 햄스트링, 척추기립근, 비복근

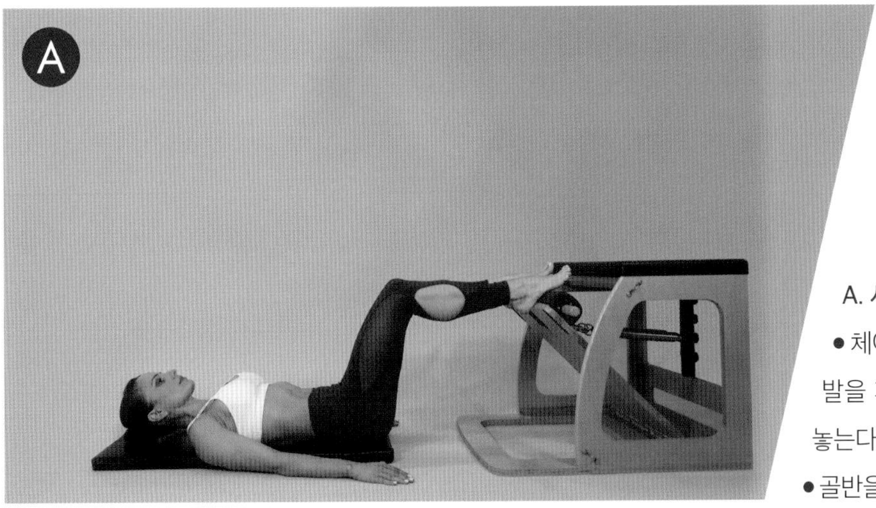

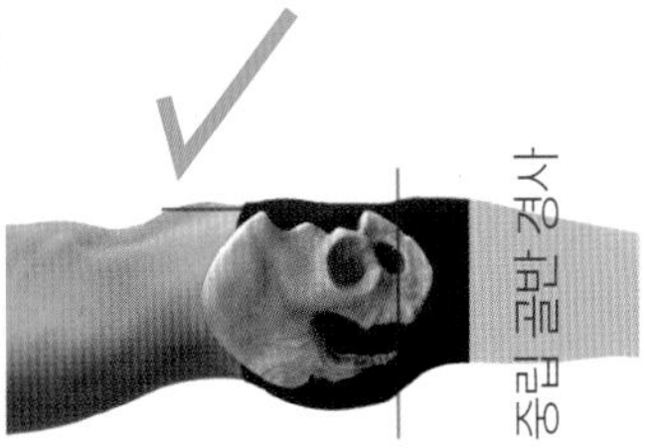

A. 시작 자세

● 체어 앞쪽에 바로 누워 양쪽 다리를 구부려 양 발을 페달에 올려놓고 양팔을 몸의 양옆 바닥에 놓는다.

● 골반을 중립 자세로 둔다.

B. 운동

● 페달을 밀어 내려 바닥에 닿게 한다.

● 골반을 중립 자세로 유지한다.

주의 : 요추가 아치를 이루게 해서는 안 된다.

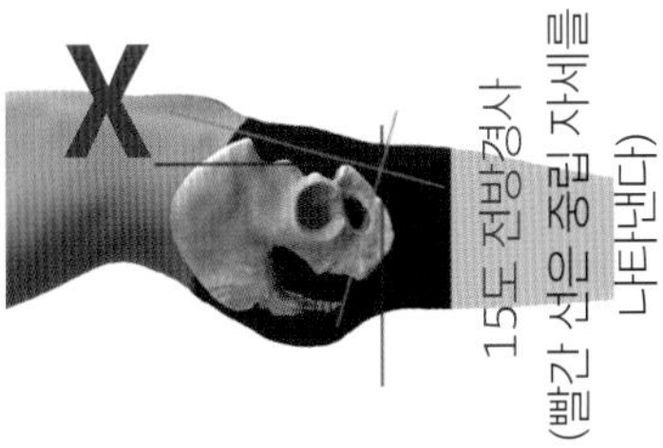

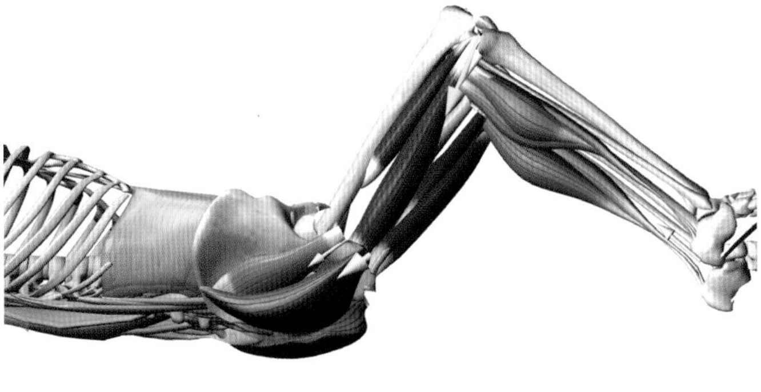

25. 브리지 Bridge

- **레벨** : 초급 • **스프링 장력** : 약
- **관련 근육** : 비복근, 햄스트링, 척추기립근, 둔근

A. 시작 자세

- 체어 앞쪽에 바로 누워 양쪽 다리를 구부려 양발을 페달에 올려놓고 양팔을 몸의 양옆 바닥에 놓는다.
- 골반을 중립 자세로 둔다.

B. 운동

- 페달을 밀어 내려 바닥에 닿게 한다.
- 골반을 중립 자세로 유지한다.

C. 응용운동

- 척추를 한 번에 한 마디씩 움직여 엉덩이를 들어 올린다.
- 종료 자세에서는 어깨, 엉덩이와 무릎이 일직선을 이루어야 한다.
- 흉추와 요추를 순차적으로 내리고 페달을 올려 1회 반복을 완료한다.

관련 근육

비복근, **햄스트링**, 척추기립근, 중둔근, **대둔근**

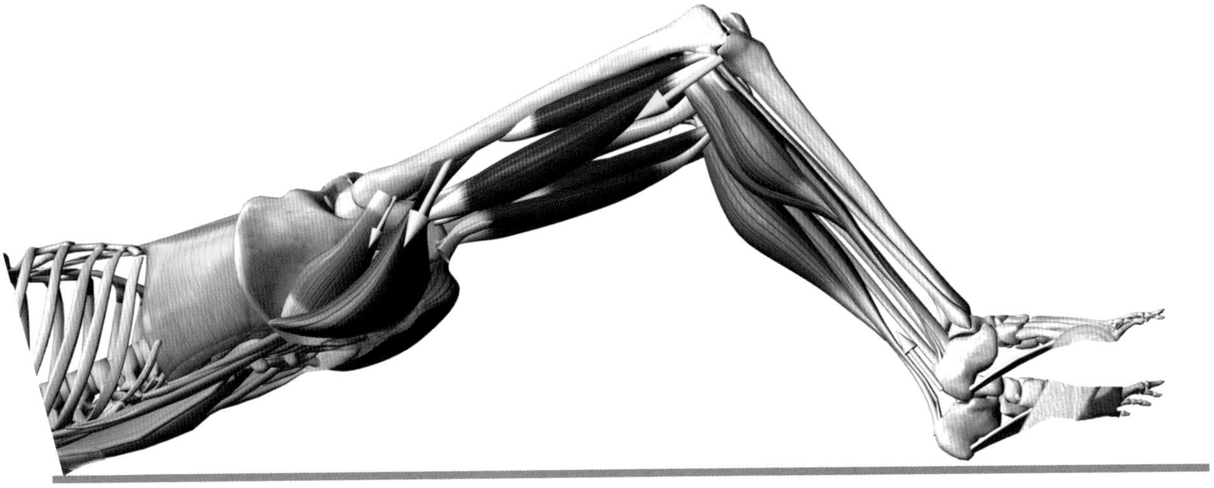

중둔근의 후방 섬유는 고관절 신전을 보조하는 반면,
내측 및 전방 섬유(그림에 없음)는 골반의 외측 안정화를 돕는다.
이 자세에서는 햄스트링이 경련을 일으킬 수도 있는데,
수축해서 슬관절과 고관절에 모두 작용하기 때문이다.
그럴 경우에는 무릎의 각도를 넓혀 다시 시도해본다.

26. 한 다리 브리지 Bridge single leg

● **레벨** : 중급 ● **스프링 장력** : 약

● **관련 근육** : 비복근, 햄스트링, 척추기립근, 발목 족배굴근, 고관절 굴근, 대둔근, 중둔근

A. 시작 자세

● 체어 앞쪽에 바로 누워 양쪽 다리를 구부려 양 발을 페달에 올려놓고 이전 운동의 종료 자세인 브리지 자세를 취한다.

● 골반을 중립 자세로 두고 어깨, 엉덩이와 무릎이 일직선을 이루도록 한다.

B. 운동

● 한쪽 다리를 구부린 채 들어 올린다.

● 양쪽 엉덩이를 수평면에서 동일한 높이로 유지한다.

C. 응용운동

● B 자세에서 들어 올린 다리를 편 후 구부리고 펴기를 최대 5회 시행한 다음 반대쪽 다리로 바꾼다.

● 양측 모두 시행하고 척추를 순차적으로 내려 1회 반복을 완료한다.

관련 근육

비복근, 햄스트링, 척추기립근, 고관절 굴근, 발목 족배굴근, 대둔근, 중둔근

들어 올리는 다리의 대퇴직근이 깊이 작용하여 슬관절을 신전시키고 고관절을 굴곡시키며, 이러한 과정에서 햄스트링이 신장된다.

대둔근이 강하게 수축하여 엉덩이를 들어 올리고 유지한다.

27. 누워 개구리 Lying Frog

● **레벨** : 초급 ● **스프링 장력** : 약

● **관련 근육** : 비복근, 햄스트링, 고관절 내전근, 고관절 외전근

A. 시작 자세

● 체어 앞쪽에 바로 누워 양발을 모아 페달에 올려놓고 고관절을 외회전시킨다.

● 양팔을 몸의 양옆 바닥에 놓고 골반을 중립 자세로 둔다.

B. 운동

● 페달을 밀어 내려 바닥에 닿게 하되, 골반을 중립 자세로 유지한다.

● 시작 자세로 되돌아가 1회 반복을 완료한다.

28. 상급 브리지 Advanced Bridge

● **레벨** : 중급 또는 상급 ● **스프링 장력** : 중

● **관련 근육** : 비복근, 햄스트링, 견갑골 안정근, 척추기립근, 복직근, 대둔근, 중둔근

A. 시작 자세

● 체어에 앉아 양발을 페달에 올려놓고 양손으로 체어 뒤쪽을 잡는다.

● 발뒤꿈치를 모으고 다리를 외회전시킨다.

● 페달을 밀어 내리고 골반을 중립 자세로 둔다.

B. 운동

● 골반을 후방으로 경사시킨다.

● 척추를 한 번에 한 마디씩 올려 팔과 어깨를 신전시킨다.

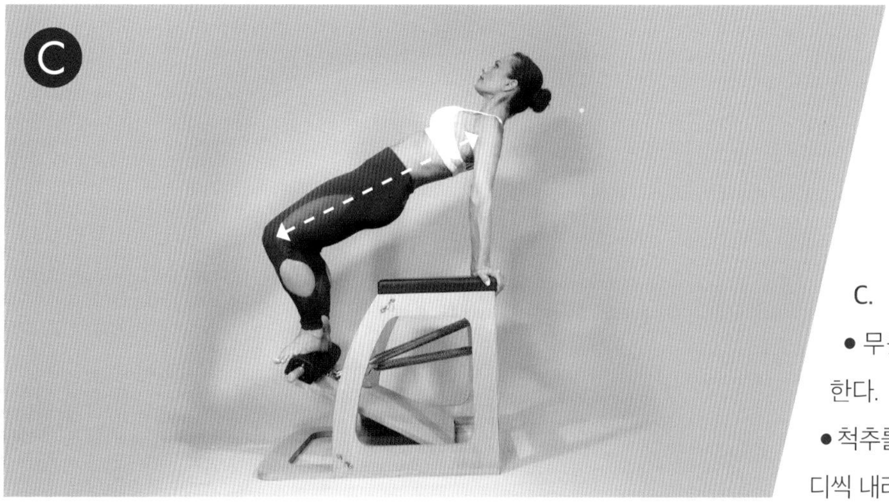

C.

● 무릎, 엉덩이와 어깨가 일직선을 이루도록 한다.

● 척추를 제일 위에서 제일 아래까지 한 번에 한 마디씩 내려 시작 자세로 되돌아간다.

29. 상급 브리지 응용운동 Advanced Bridge variation

● **레벨** : 상급 ● **스프링 장력** : 중

● **관련 근육** : 비복근, 햄스트링, 척추기립근, 견갑골 안정근, 대둔근, 중둔근

A. 시작 자세

● 체어에 앉아 양발을 페달에 올려놓고 양팔을 펴서 체어 뒤쪽을 잡는다.

● 발뒤꿈치를 모으고 다리를 외회전시킨다.

● 페달을 밀어 내리고 골반을 중립 자세로 둔다.

B. 운동

● 골반을 후방으로 경사시킨다.

● 척추를 한 번에 한 마디씩 올려 팔과 어깨를 신전시킨다.

C.

● 페달을 밀어 내리되, 양쪽 엉덩이를 동일한 높이로 유지한다.

D.

• 페달을 다시 올린다.

E.

• 골반을 후방으로 경사시킨다.
• 척추를 제일 위에서 제일 아래까지 한 번에 한 마디씩 내린다.

F.

• 다시 체어에 앉고 골반을 중립 자세로 되돌린다.

30. 다리 교대 상급 브리지 Advanced Bridge alternating legs

●**레벨** : 상급 ●**스프링 장력** : 중

●**관련 근육** : 비복근, 햄스트링, 척추기립근, 견갑골 안정근, 대둔근, 중둔근

A. 시작 자세

●체어에 앉아 양발을 페달에 올려놓고 양팔을 펴서 체어 뒤쪽을 잡는다.

●발뒤꿈치를 모으고 다리를 외회전시킨다.

●페달을 밀어 내리고 골반을 중립 자세로 둔다.

B. 운동

●골반을 후방으로 경사시킨다.

●척추를 한 번에 한 마디씩 올려 팔과 어깨를 신전시킨다.

C.

●골반을 움직이지 않으면서 한쪽 다리로 페달을 밀어 내린다.

D.

- 자전거 페달을 밟듯이 다리를 교대하면서 각각의 다리로 5번씩 페달을 밀어 내린다.

E. 종료 자세

- 양쪽 페달을 밀어 내린다.

F.

- 척추를 제일 위에서 제일 아래까지 한 번에 한 마디씩 내린다.
- 다시 체어에 앉고 골반을 중립 자세로 되돌린다.

- 이상과 같은 동작으로 1회 반복이 완료된다.
- 10회 반복까지 운동한다.

2 CHAPTER

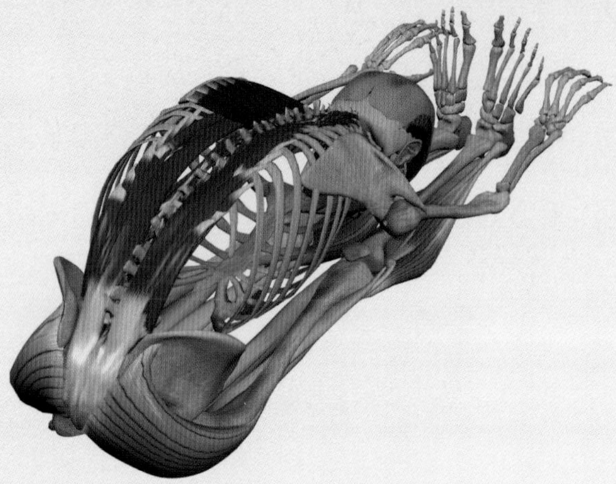

척추

The Spine

파트 A _ 굴곡

Flexion

31. 복부 컬

Abdominal Curl

- **레벨** : 중급
- **관련 근육** : 복근, 고관절 굴근

A. 시작 자세

- 체어 위에서 바로 누운 자세를 취하되, 머리와 목이 매트 바깥으로 나가게 하고 양손을 머리 뒤에 둔다.
- 골반을 중립 자세로 둔다.
- 양쪽 다리를 수직으로 들어 올려 90도로 구부린다.

B. 운동

- 고개를 끄덕이듯이 턱을 목 쪽으로 당겨 들이고 가슴을 들어 올린다.
- 골반을 중립 자세로 유지한다.
- 척추를 순차적으로 내리고 시작 자세로 되돌려 1회 반복을 완료한다.

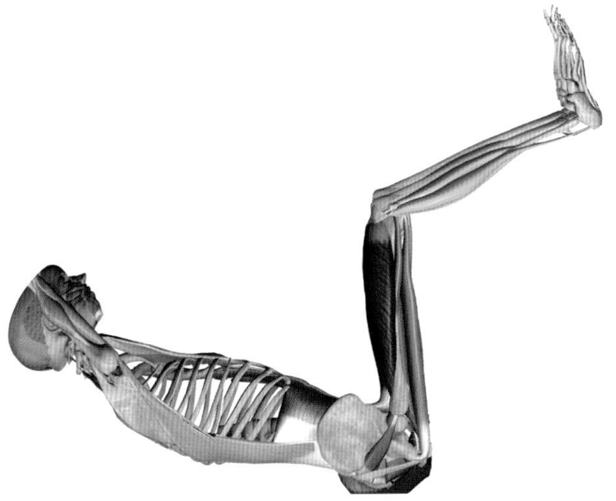

32. 다리 펴 복부 컬 Abdominal Curl with straight legs

- **레벨** :중급
- **관련 근육** : 복근, 고관절 굴근

A. 시작 자세

- 체어 위에서 바로 누운 자세를 취하되, 머리와 목이 매트 바깥으로 나가게 하고 양손을 머리 뒤에 둔다.
- 양쪽 다리를 수직으로 들어 올려 편다.
- 골반을 중립 자세로 둔다.

B. 운동

- 고개를 끄덕이듯이 턱을 목 쪽으로 당겨 들이고 가슴을 들어 올린다.
- 골반을 중립 자세로 유지한다.
- 척추를 순차적으로 내리고 시작 자세로 되돌려 1회 반복을 완료한다.

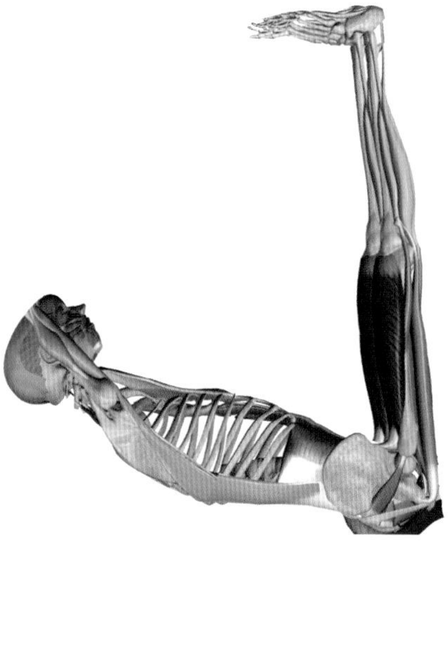

응용운동 : 난이도를 높이기 위해 양쪽 다리를 45도로 낮춘다.

33. 시저스 Scissors

- **레벨** : 중급
- **관련 근육** : 복근, 고관절 굴근

A. 시작 자세

- 체어 위에서 바로 누운 자세를 취하되, 머리와 목이 매트 바깥으로 나가게 하고 양손을 머리 뒤에 둔다.
- 양쪽 다리를 수직으로 들어 올려 편다.
- 골반을 중립 자세로 둔다.

B. 운동

- 고개를 끄덕이듯이 턱을 목 쪽으로 당겨 들이고 가슴을 들어 올린다.
- 골반을 중립 자세로 유지한다.

C.

- 한쪽 다리를 내리고 다리를 교대한다.
- 골반의 자세를 유지한다.

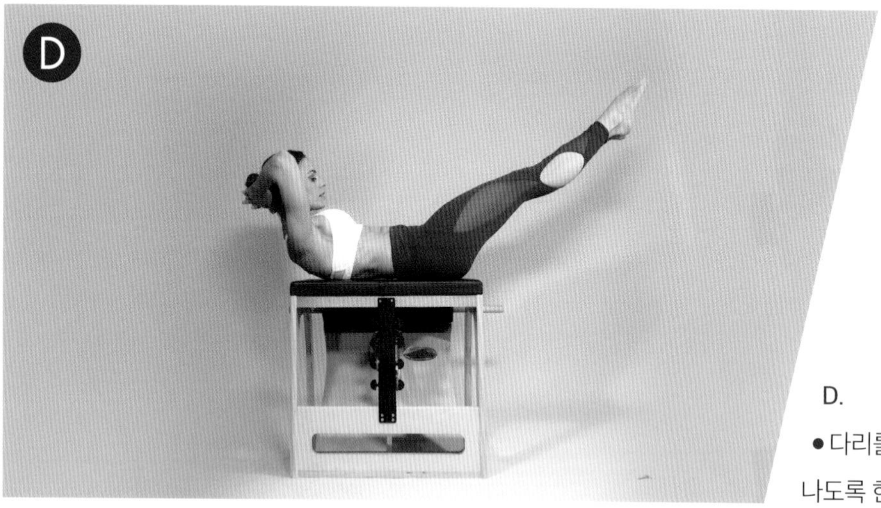

D.

● 다리를 교대할 때 양쪽 다리가 45도 지점에서 만나도록 한다.

E.

● 다리를 교대로 내리되, 운동 내내 몸통 굴곡을 유지한다.

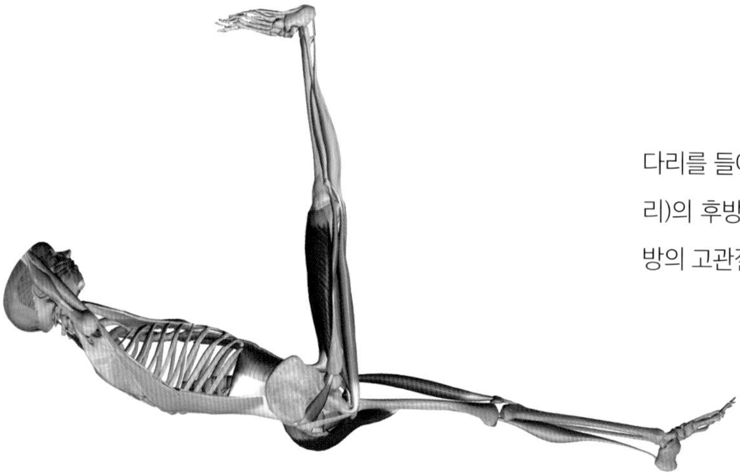

다리를 들어 올려 고관절 굴곡을 이룰 때에는 대퇴(넓적다리)의 후방 근육이 신장된다. 다리를 내릴 때에는 대퇴 전방의 고관절 굴근이 신장된다.

34. 페달에 손 올려 흉추 굴곡 Thoracic Flexion hands on the pedal

● **레벨** : 초급 ● **스프링 장력** : 약

● **관련 근육** : 복근, 고관절 굴근

A. 시작 자세

● 체어 앞쪽에 다리를 뻗은 채 앉아 양손을 페달에 올려놓고 양팔을 편다.

● 골반을 중립 자세로 둔다.

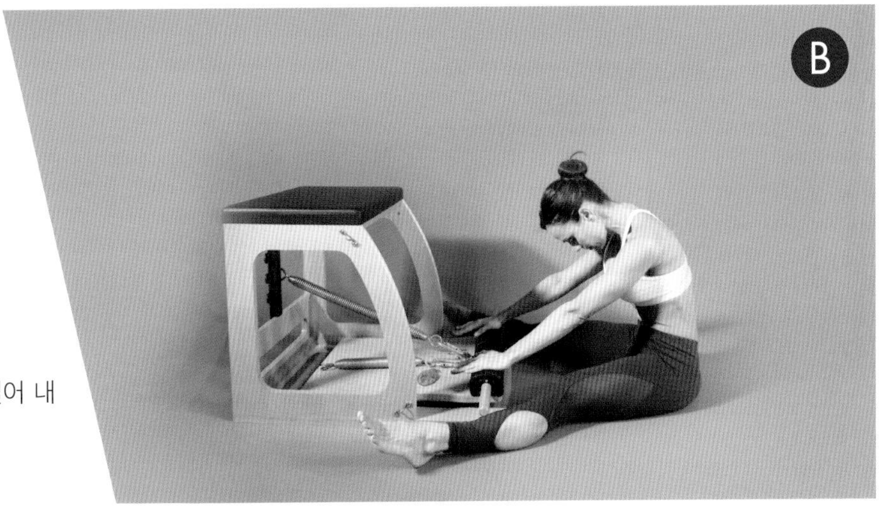

B. 운동

● 경추에 이어 흉추를 굴곡시켜 페달을 밀어 내린다.

● 몸통을 통째로 내려서는 안 된다.

C.

● 페달을 올린다.

● 척추를 순차적으로 올려 시작 자세로 되돌아간다.

35. 무릎 꿇어 척추 굴곡 Kneeling Spine Flexion

- **레벨** : 초급 **스프링 장력** : 약 또는 중
- **관련 근육** : 복근, 광배근, 견갑골 안정근, 고관절 굴근

A. 시작 자세

- 체어 앞쪽에서 무릎을 꿇어 양손을 페달에 올려 놓고 양팔을 편다.

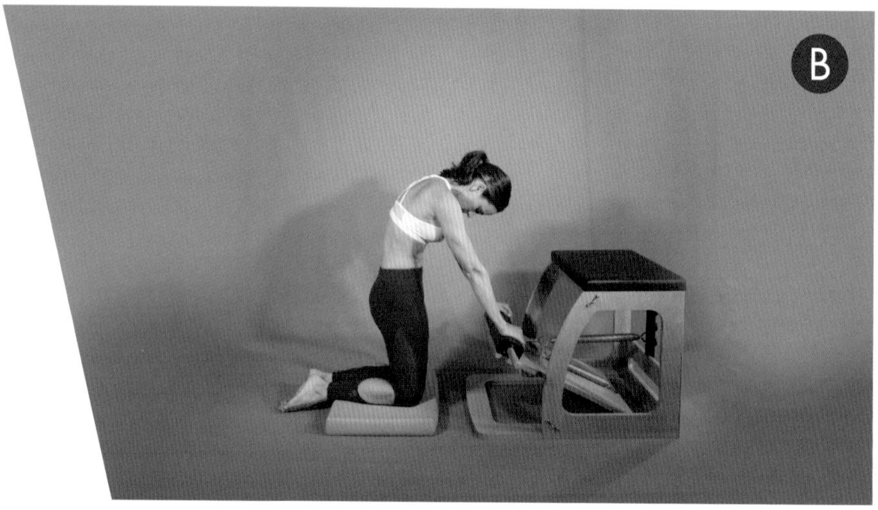

B. 운동

- 몸통을 굴곡시키면서 페달을 밀어 내린다.

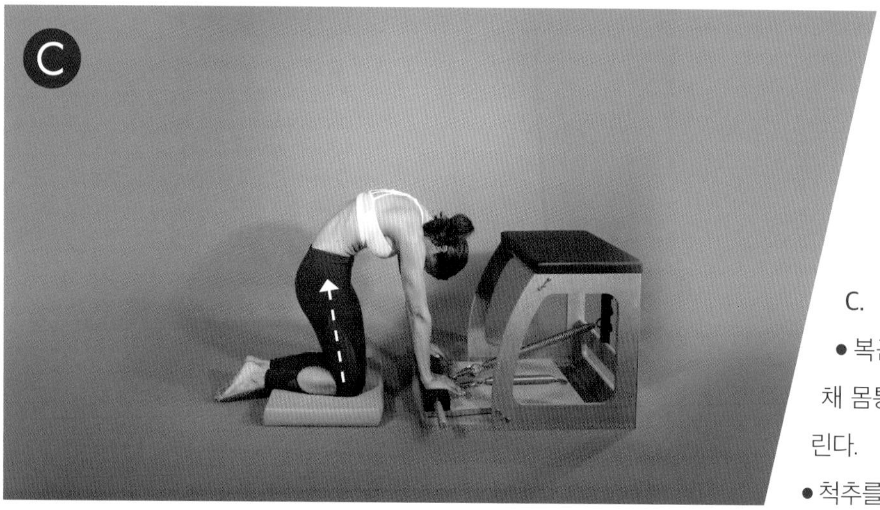

C.

- 복근의 활성화를 잃거나 누그러뜨리지 않은 채 몸통 전체를 깊이 굴곡시키면서 페달을 더 내린다.
- 척추를 순차적으로 올려 시작 자세로 되돌아간다.

36. 무릎 꿇어 파이크 Kneeling Pike

●**레벨** : 초급 ●**스프링 장력** : 중

●**관련 근육** : 복근, 광배근, 견갑골 안정근, 고관절 굴근

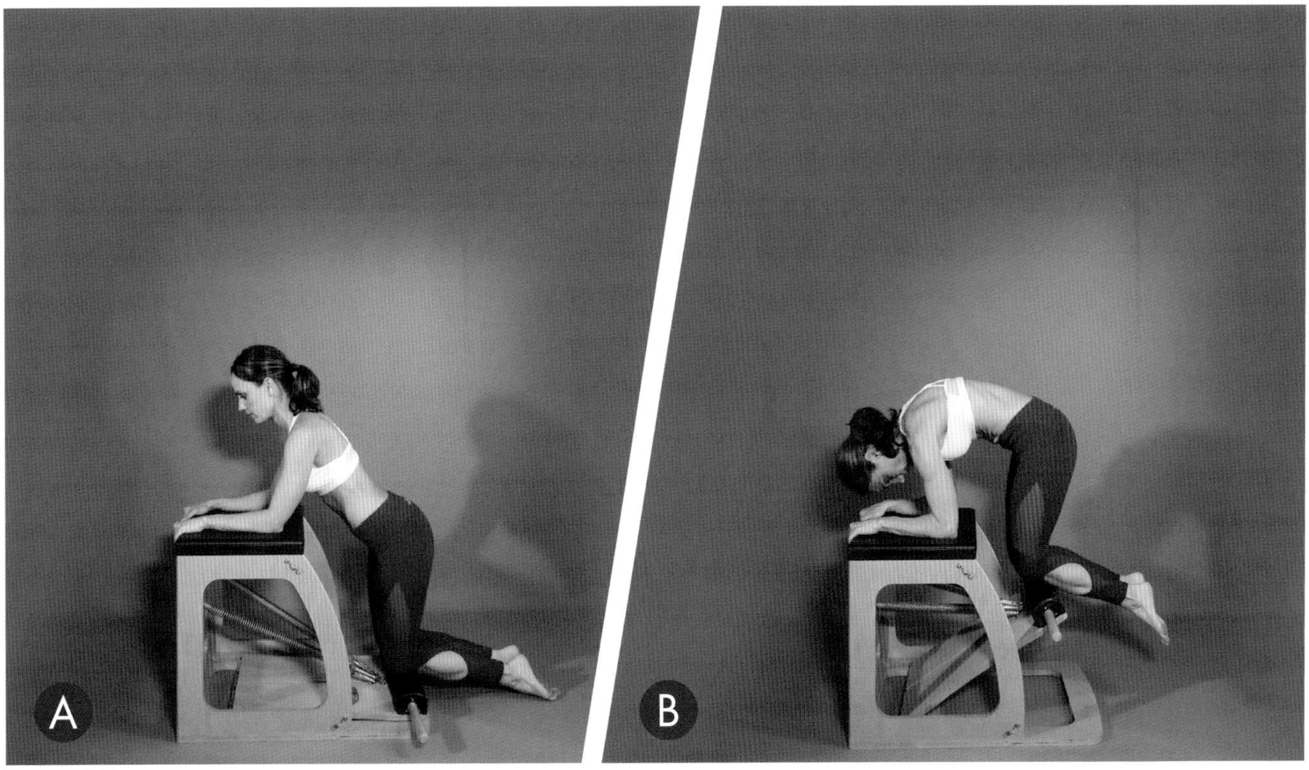

A. 시작 자세

●페달 위에 무릎을 꿇고 전완을 체어에 올려놓는다.

●척추를 중립 자세로 둔다.

B. 운동

●페달을 올리고 동시에 복근을 사용해 몸통을 굴곡시킨다.

●페달을 밀어 내린다.

●척추를 중립 자세로 되돌린다.

37. 척추 중립 파이크

Pike with neutral spine

- **레벨** : 초급 ● **스프링 장력** : 중
- **관련 근육** : 복근, 어깨 근육, 견갑골 안정근, 고관절 굴근

A. 시작 자세

- 체어 앞쪽에 서서 양손을 체어에 얹고 양발의 볼을 페달에 나란히 올려놓는다.
- 양팔과 양쪽 다리를 펴고 골반을 중립 자세로 둔다.

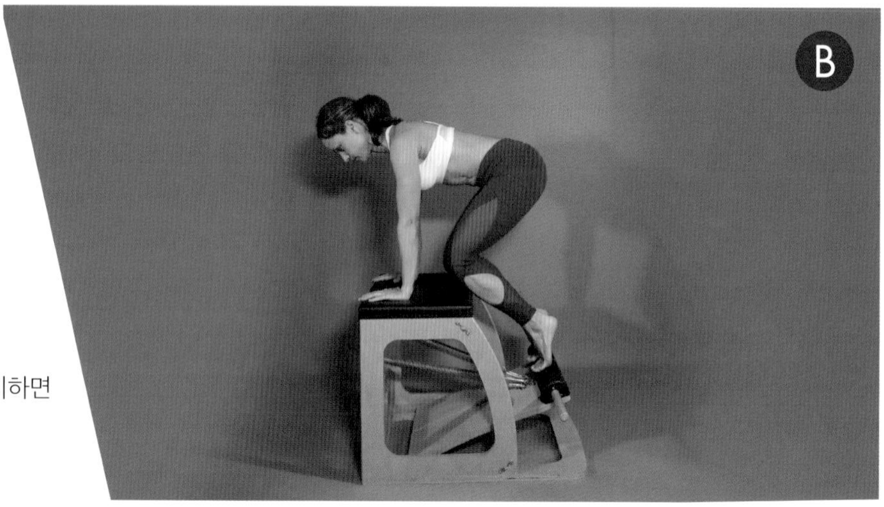

B. 운동

- 엉덩이를 시작 자세와 동일한 높이로 유지하면서 무릎을 구부려 페달을 올린다.
- 페달을 밀어 내려 1회 반복을 완료한다.

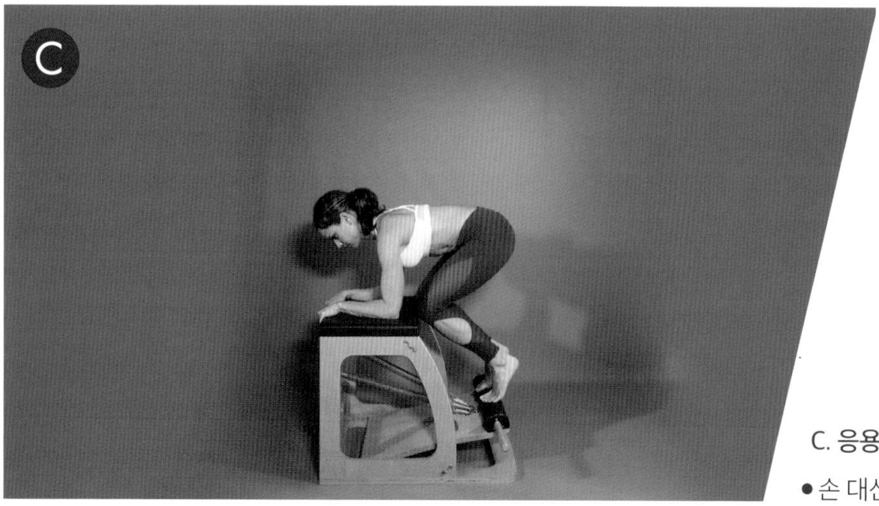

C. 응용운동

- 손 대신 팔꿈치를 체어에 얹는다.

38. 서서 몸통 굴곡 Standing Trunk Flexion

- **레벨** : 초급 • **스프링 장력** : 약
- **관련 근육** : 복근, 어깨 근육, 견갑골 안정근, 고관절 굴근

A. 시작 자세

- 체어 앞쪽에 서서 양발을 어깨너비로 나란히 벌린다.

B. 운동

- 몸통을 굴곡시켜 양손을 페달에 올려놓는다.

C.

- 복근의 활성화를 잃거나 누그러뜨리지 않은 채 고관절을 깊이 굴곡시켜 페달을 내린다.
- 골반을 후방으로 회전시키고 척추를 순차적으로 올려 시작 자세로 되돌아간다.

관련 근육

복근, 어깨 근육, 견갑골 안정근, 고관절 굴근

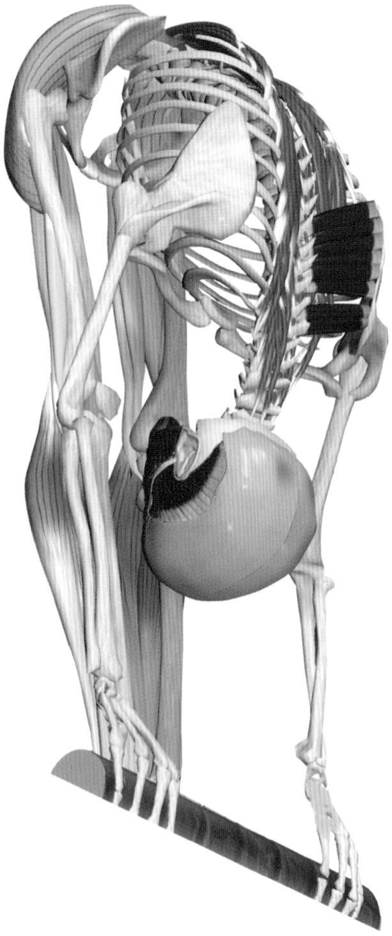

페달을 내릴 때 중력에 맡겨 운동해서는 안 된다.
복근과 고관절 굴근을 능동적으로 수축시켜 운동하도록 한다.

39. 파이크 Pike

●**레벨** : 중급 ●**스프링 장력** : 중 또는 강

●**관련 근육** : 복근, 어깨 근육, 견갑골 안정근, 고관절 굴근

A. 시작 자세

●체어 앞쪽에 서서 양손으로 체어의 양측을 잡고 양발의 볼을 페달에 나란히 올려놓는다.

●양팔과 양쪽 다리를 편다.

B. 운동

●발뒤꿈치를 올리고 몸통을 굴곡시킨다.

C.

●페달을 올리면서 고관절 굴곡을 심화시킨다.

●손이 어깨 아래에 있도록 한다.

●천천히 페달을 바닥으로 되돌린다.

관련 근육

복근, 어깨 근육, 견갑골 안정근, 고관절 굴근

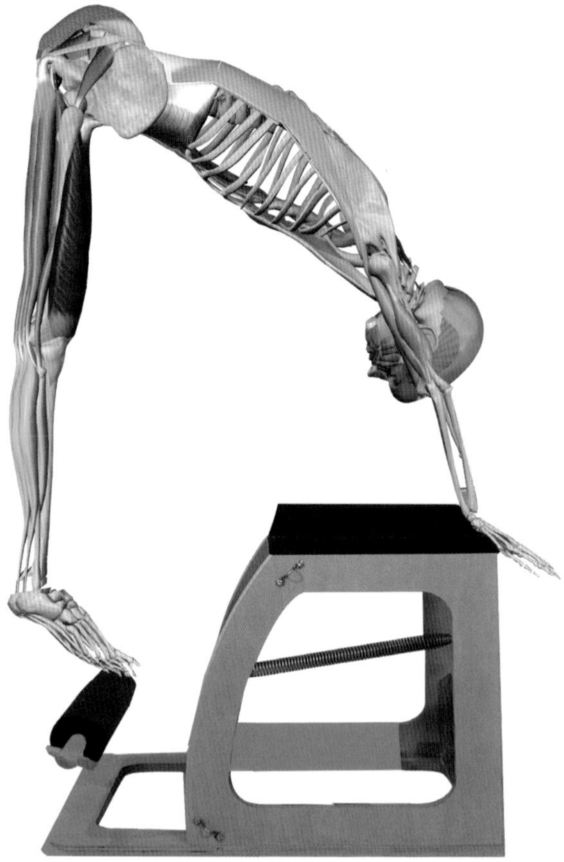

복횡근은 요추 관절들의 안정화를 돕는다.
광배근과 삼두근은 어깨관절을 안정화한다.

40. 팔꿈치 파이크

Pike on elbows

● **레벨** : 중급 ● **스프링 장력** : 중 또는 강

● **관련 근육** : 복근, 어깨 근육, 견갑골 안정근, 고관절 굴근

A. 시작 자세

● 체어 앞쪽에 서서 양발의 볼을 페달에 나란히 올려놓고 양 팔꿈치를 체어에 얹어 양손으로 체어를 잡는다.

● 양쪽 다리를 펴고 척추를 중립 자세로 둔다.

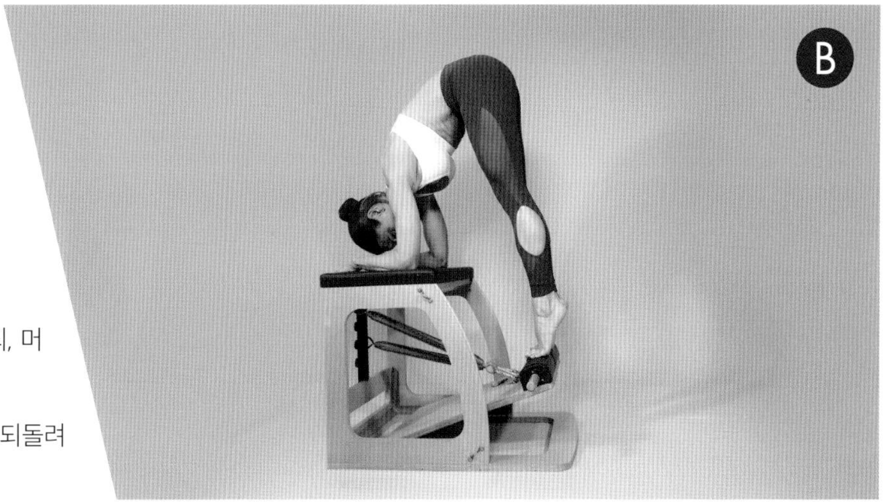

B. 운동

● 고관절과 몸통을 굴곡시켜 페달을 올리되, 머리와 척추를 정렬한다.

● 페달을 밀어 내리고 척추를 중립 자세로 되돌려 1회 반복을 완료한다.

41. 측면 파이크

Side Pike

- **레벨** : 중급　　● **스프링 장력** : 중 또는 강
- **관련 근육** : 복사근, 어깨 근육, 견갑골 안정근, 고관절 굴근

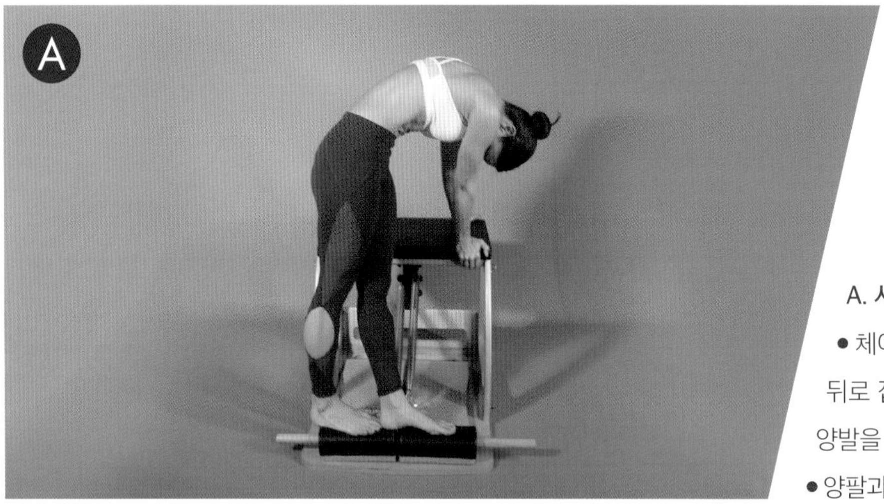

A. 시작 자세

- 체어 앞쪽에 옆으로 서서 양손으로 체어를 앞뒤로 잡고 안쪽 발이 바깥쪽 발 앞으로 놓이도록 양발을 페달에 올려놓는다.
- 양팔과 양쪽 다리를 펴고 척추를 굴곡시킨다.

B. 운동

- 페달을 올리면서 고관절과 몸통의 굴곡을 심화시킨다.
- 어깨와 손이 일직선을 이루도록 한다.
- 페달을 밀어 내려 1회 반복을 완료한다.

42. 다리 교대 파이크 Pike alternating legs

● **레벨** : 중급 ● **스프링 장력** : 중 또는 강

● **관련 근육** : 복근, 어깨 근육, 견갑골 안정근, 고관절 굴근

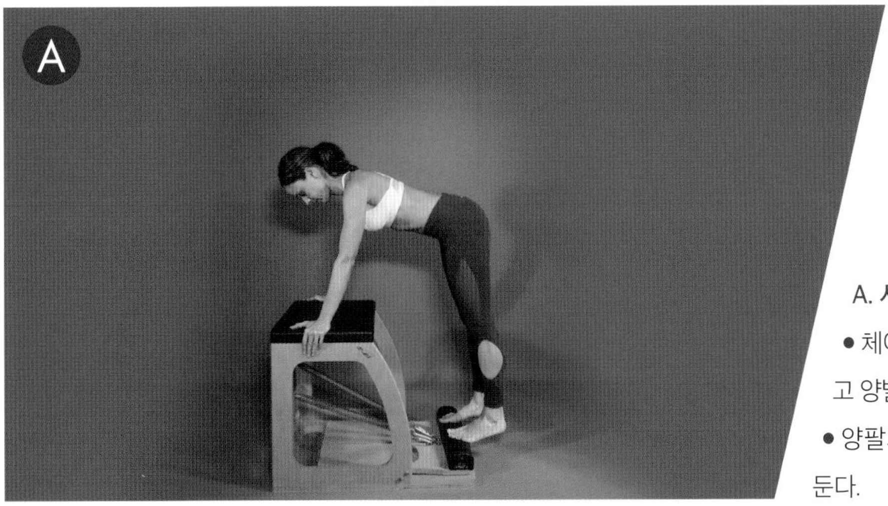

A. 시작 자세

● 체어 앞쪽에 서서 양손으로 체어의 양측을 잡고 양발의 볼을 페달에 나란히 올려놓는다.

● 양팔과 양쪽 다리를 펴고 척추를 중립 자세로 둔다.

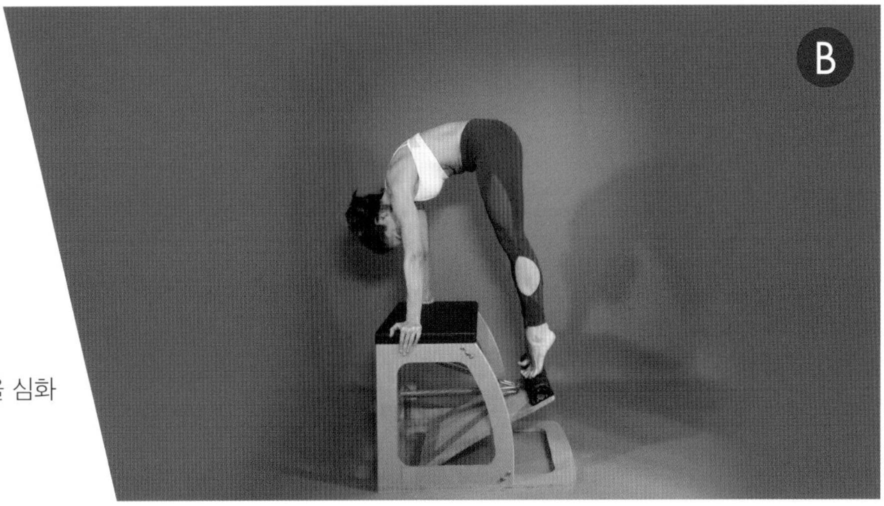

B. 운동

● 페달을 올리면서 고관절과 몸통의 굴곡을 심화시킨다.

● 머리와 척추를 정렬한다.

C.

● 한쪽 다리의 무릎을 구부려 페달을 올린다.

D.

● 자전거 페달을 밟듯이 다리를 교대하면서 각각의 다리로 5번씩 페달을 올린다.

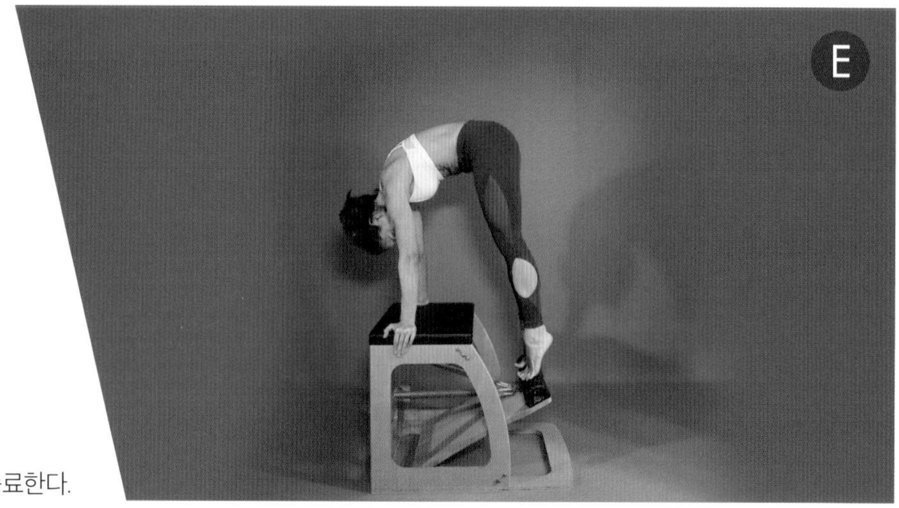

E.

● 양 무릎을 펴고 양쪽 페달을 밀어 내려 종료한다.

2 CHAPTER

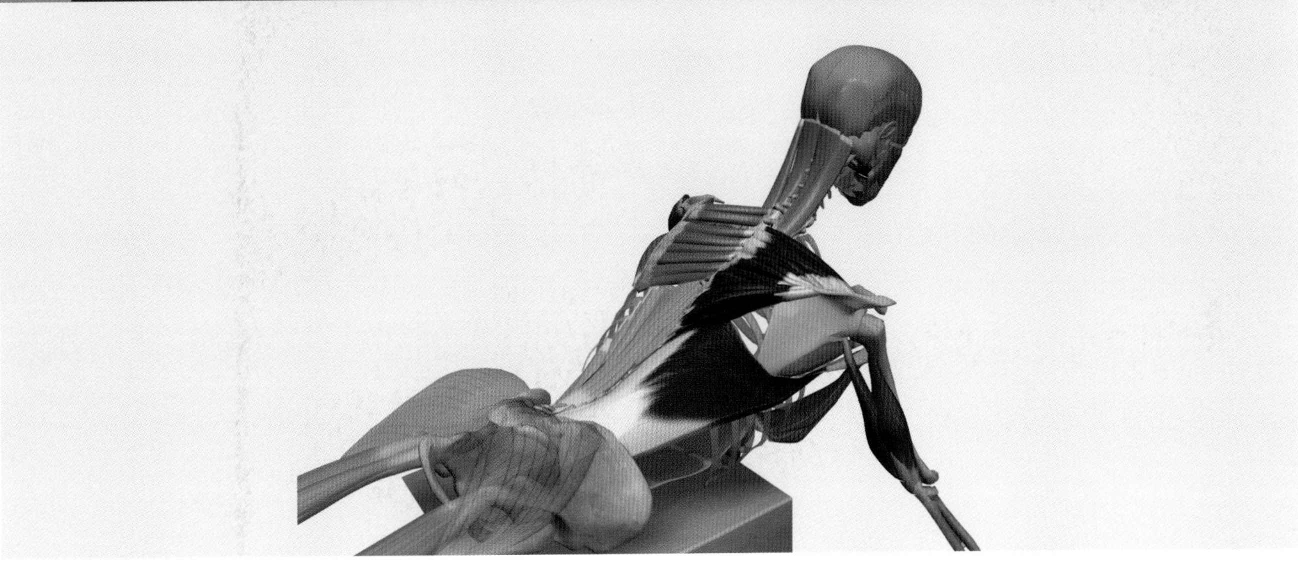

척추

The Spine

파트 B _ 신전

Extension

43. 백조 The Swan

●**레벨** : 중급 ●**스프링 장력** : 약

●**관련 근육** : 척추기립근, 광배근, 승모근

A. 시작 자세

●체어 앞쪽에 엎드려 누워 양팔을 머리 위쪽으로 펴서 양손을 페달에 올려놓고 다리를 펴서 모은다.

●골반과 견갑골을 중립 자세로 둔다.

B. 운동

●페달을 밀어 내리면서 스프링의 도움을 받아 척추를 신전시킨다.

●머리를 척추와 정렬한다.

주의 : 골반이 전방으로 기울도록 해서는 안 된다.

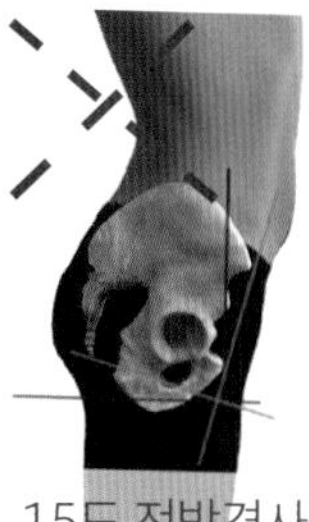

15도 전방경사
(빨간 선은 중립 자세를 나타낸다)

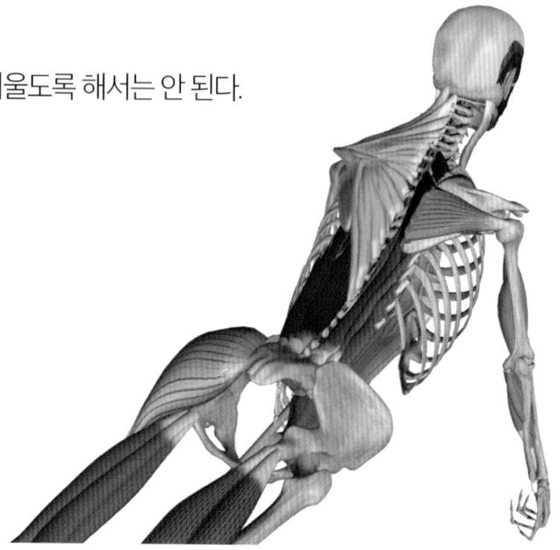

대둔근과 햄스트링이 수축하여 골반을 중립 자세로 안정화함으로써 척추 신근의 당기는 작용에 대항한다.

44. 엎드려 누워 척추 신전 Spine Extension prone

● **레벨** : 중급 ● **스프링 장력** : 중

● **관련 근육** : 척추 신근, 고관절 신근, 견갑골 안정근, 복근

A. 시작 자세

● 체어 위에 엎드려 누워 양손을 페달에 올려 페달을 밀어 내리고 다리를 펴서 발뒤꿈치를 모은다.

● 골반과 견갑골을 중립 자세로 둔다.

● 머리를 척추와 정렬한다.

B. 운동

● 페달을 올리면서 척추를 신전시킨다.

● 머리를 척추와 정렬하고 발뒤꿈치를 모은 상태를 유지한다.

주의 : 골반이 전방으로 기울도록 해서는 안 된다.

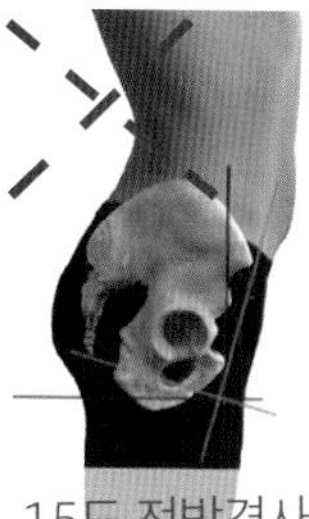

15도 전방경사
(빨간 선은 중립 자세를 나타낸다)

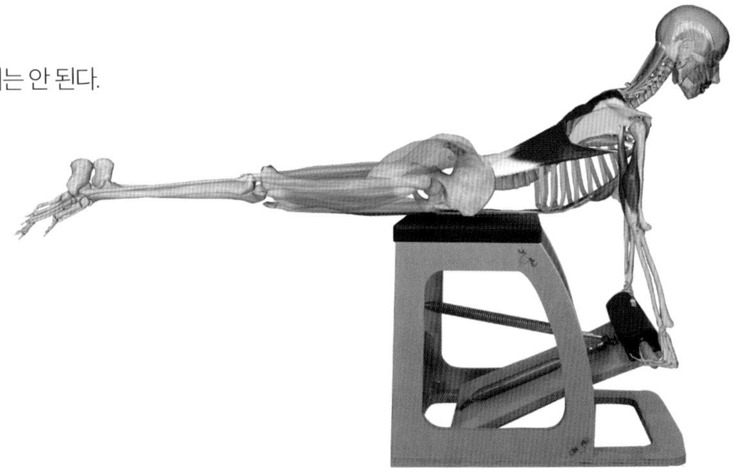

관련 근육

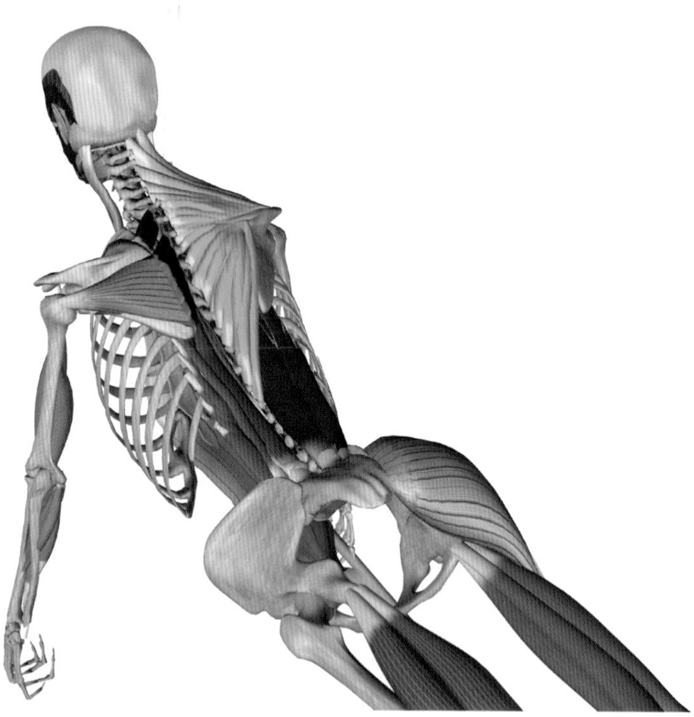

하부 승모근이 수축하여 견갑골을 당겨 내리거나 '하강시키면서,' 극하근이 상완골두를
견갑골의 관절와(관절오목, glenoid)로 당긴다.
햄스트링과 대둔근은 수축하여 골반의 전방 회전을 방지한다.

관련 근육

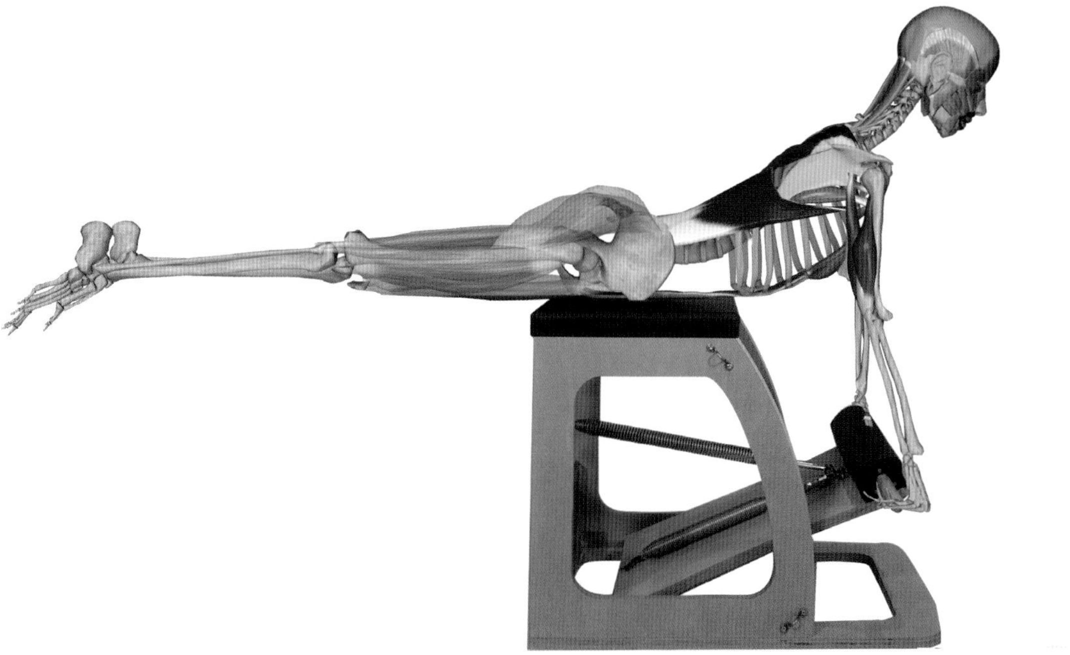

척추 신근이 수축하여 몸통을 들어 올린다. 광배근은 어깨관절 신근으로 작용하고
아울러 요추 근막 부착부를 통해 요추도 신전시킨다.
또한 삼두근의 장두가 어깨관절을 신전시킨다.

45. 한 팔 척추 신전

Spine Extension single arm

● **레벨** : 중급 ● **스프링 장력** : 중

● **관련 근육** : 척추 신근, 고관절 신근, 견갑골 안정근, 복근

A. 시작 자세

● 체어 위에 엎드려 누워 한쪽 손을 페달에 올려 페달을 밀어 내리고 다른 쪽 팔을 옆으로 들어 올리며 다리를 펴서 발뒤꿈치를 모은다.

● 골반과 견갑골을 중립 자세로 둔다.

● 머리를 척추와 정렬한다.

● 양쪽 어깨를 동일한 높이로 둔다.

B. 운동

● 페달을 올리면서 척추를 신전시킨다.

● 머리를 척추와 정렬하고 발뒤꿈치를 모은 상태를 유지한다.

주의 : 골반이 전방으로 기울도록 해서는 안 된다.

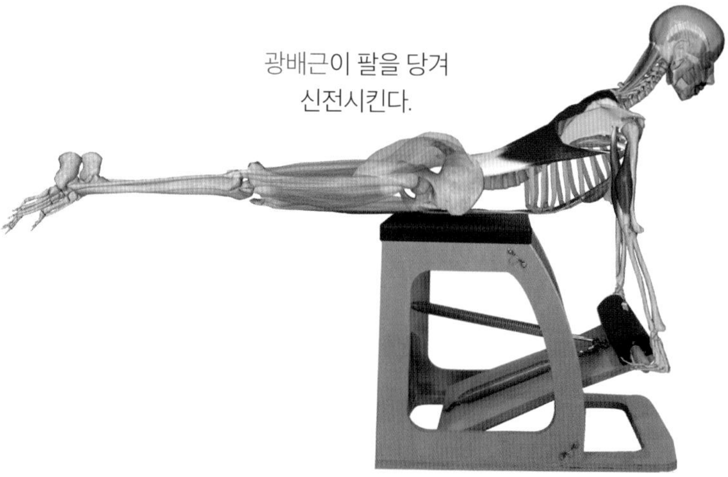

46. 메뚜기 Grasshopper

- **레벨** : 중급 ● **스프링 장력** : 중
- **관련 근육** : 척추 신근, 고관절 신근, 견갑골 안정근, 복근

A. 시작 자세
- 체어 위에 엎드려 누워 양손을 페달에 올려 페달을 밀어 내리고 다리를 펴서 벌린다.
- 골반과 견갑골을 중립 자세로 둔다.
- 머리를 척추와 정렬한다.

B. 운동
- 페달을 올리면서 척추를 신전시킨다.
- 머리를 척추와 정렬하고 다리를 벌린 상태를 유지한다.

C.
- 페달을 밀어 내리고 동시에 다리를 뻗는다.

D.

• 다리를 C 자세에서와 같은 높이로 유지하면서 무릎을 구부린다.

• 양발의 자세를 각 측면으로 한 번씩 교차시킨다.

E.

• 다리를 편다.

F.

• 다리를 수평으로 내려 시작 자세로 되돌아간다.

2 CHAPTER

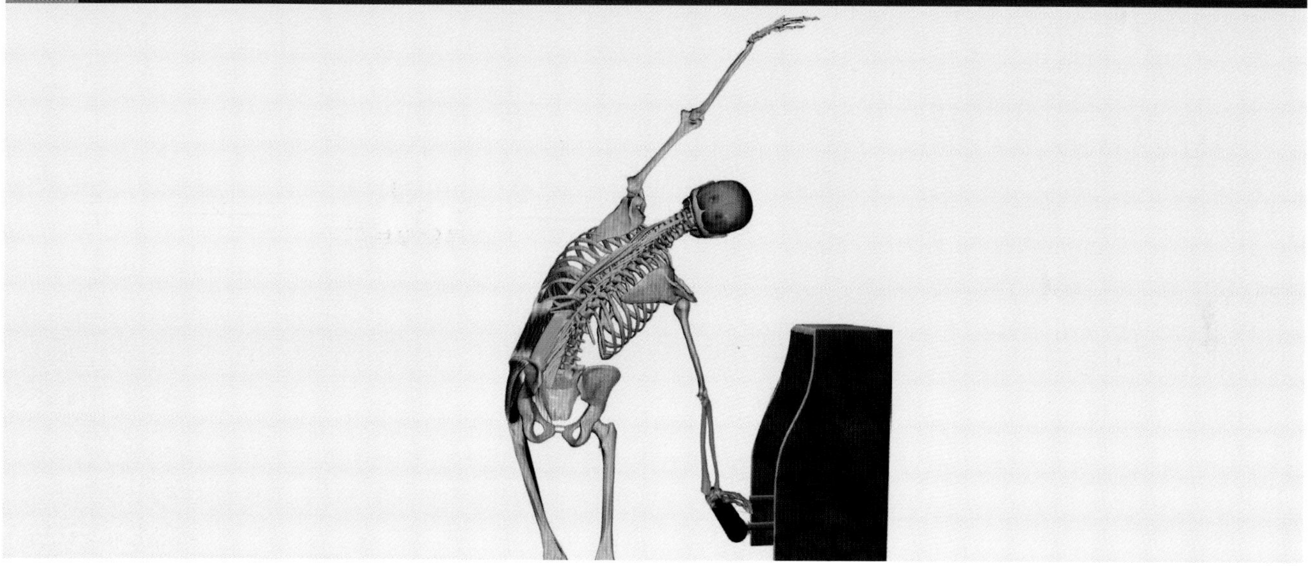

척추

The Spine

파트 C _ 측면 굴곡

Lateral Flexion

47. 무릎 꿇어 인어 Kneeling Mermaid

- **레벨** : 초급 • **스프링 장력** : 약
- **관련 근육** : 복사근, 요방형근, 척추 신근

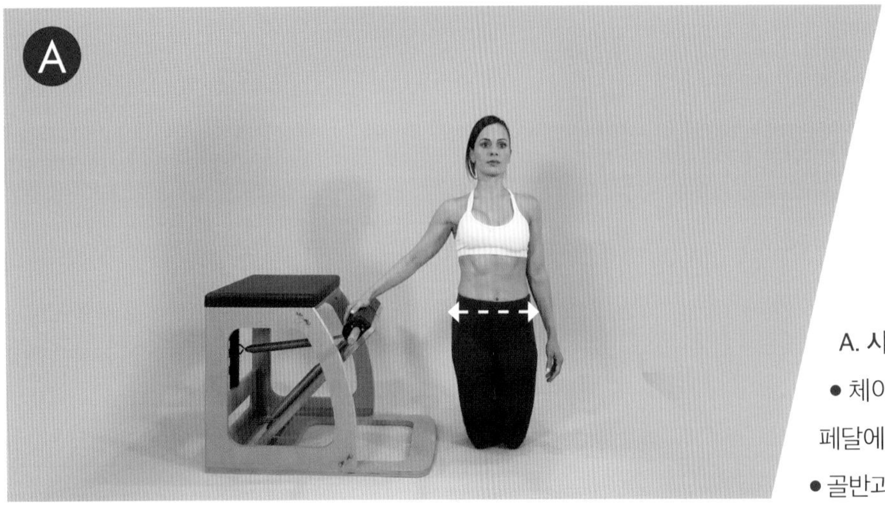

A. 시작 자세

- 체어 앞쪽에서 옆으로 무릎을 꿇어 안쪽 손을 페달에 올려놓는다.
- 골반과 견갑골을 중립 자세로 둔다.

B. 운동

- 바깥쪽 팔을 외전시켜 머리 위쪽으로 들어 올린다.

C.

- 페달을 밀어 내리면서 척추를 측면 굴곡시킨다.
- 골반을 수평면에서 중립 자세로 유지한다.
- B 자세로 되돌아가 1회 반복을 완료한다.

관련 근육

바깥쪽 복사근이 바깥쪽 요방형근 및 척추 신근과 함께 신전된다.

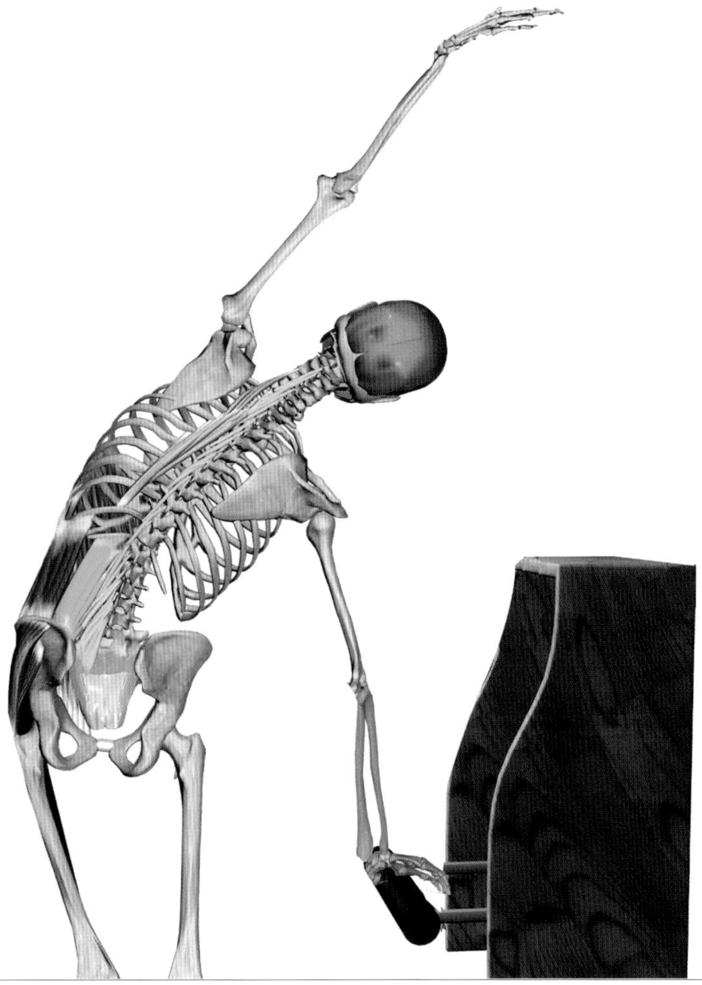

척추 곡선의 안쪽 부분에서는 안쪽 복사근, 요방형근 및 척추 신근이 단축성 수축(concentric contraction)을 하여 몸통을 측면으로 굴곡시킨다.

48. 체어에 누워 인어 Lying Mermaid on the chair

● **레벨** : 중급 ● **스프링 장력** : 약 또는 중

● **관련 근육** : 복사근, 요방형근, 견갑골 안정근

A. 시작 자세

● 체어 위에 옆으로 누워 아래쪽 손을 페달에 올려 페달을 밀어 내리고 손을 어깨와 정렬한다.

● 위쪽 손을 몸 앞쪽 체어에 얹고 다리를 펴서 모은다.

● 골반과 견갑골을 중립 자세로 둔다.

● 머리를 척추와 정렬한다.

B. 운동

● 페달을 올리면서 척추를 측면 굴곡시킨다.

● 머리를 척추와 정렬하고 다리를 모은 상태를 유지한다.

주의 : 골반이 후방으로 기울도록 해서는 안 된다.

복사근이 몸통을 들어 올리는 주동근육(prime mover)이다. 중둔근, 대둔근과 대퇴근막장근이 골반을 안정화해서 복사근의 당기는 작용에 대항함으로써 복사근이 몸통을 들어 올릴 수 있는 안정된 기반을 제공한다.

49. 체어에 누워 인어 _ 고급 Lying Mermaid on the chair advanced

● **레벨** : 상급 ● **스프링 장력** : 중

● **관련 근육** : 복사근, 요방형근, 견갑골 안정근

A. 시작 자세

● 체어 위에 옆으로 누워 아래쪽 손을 페달에 올려 페달을 밀어 내리고 손을 어깨와 정렬한다.

● 위쪽 손을 머리 뒤에 두고 다리를 펴서 모은다.

● 골반과 견갑골을 중립 자세로 둔다.

● 머리를 척추와 정렬한다.

B. 운동

● 페달을 올리면서 척추를 측면 굴곡시킨다.

● 머리를 척추와 정렬하고 다리를 모은 상태를 유지한다.

주의 : 골반이 후방으로 기울도록 해서는 안 된다.

몸통의 우측에 있는 작은 횡돌간근(intertransverse muscles)이 수축하여 각각의 추골을 측면으로 굴곡시키는 것을 보조한다. 또한 이들 근육은 뇌에 고유 감각수용성 피드백(proprioceptive feedback)을 제공한다.

50. 역 인어 Reverse Mermaid

● **레벨** : 중급 ● **스프링 장력** : 약

● **관련 근육** : 복사근, 요방형근, 견갑골 안정근

A. 시작 자세

- 체어에 옆으로 앉아 안쪽 손을 페달에 올려놓고 바깥쪽 팔을 머리 위쪽으로 들어 올린다.
- 척추를 측면 굴곡시키면서 페달을 밀어 내린다.
- 좌골이 매트에서 떨어지지 않도록 한다.

B. 운동

- 페달을 올리면서 척추를 중립 자세로 되돌린다.
- 바깥쪽 무릎을 굴곡시킨다.
- 바깥쪽 팔꿈치와 굴곡시킨 무릎이 만나도록 한다.

C.

- 시작 자세로 되돌아가 1회 반복을 완료한다.

관련 근육

복사근, 요방형근, 견갑골 안정근

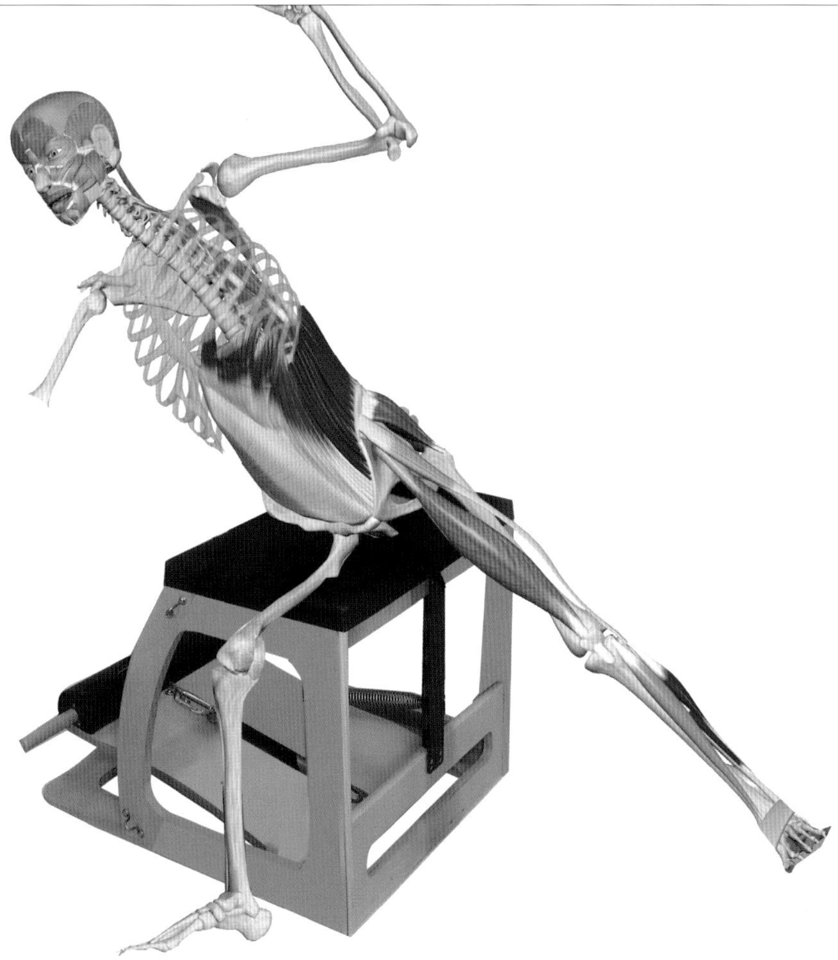

고관절이 굴곡되면서 대퇴직근, 대퇴근막장근과
중둔근의 전방 섬유가 모두 수축하여 고관절에서 굴곡을 돕는다.

2 CHAPTER

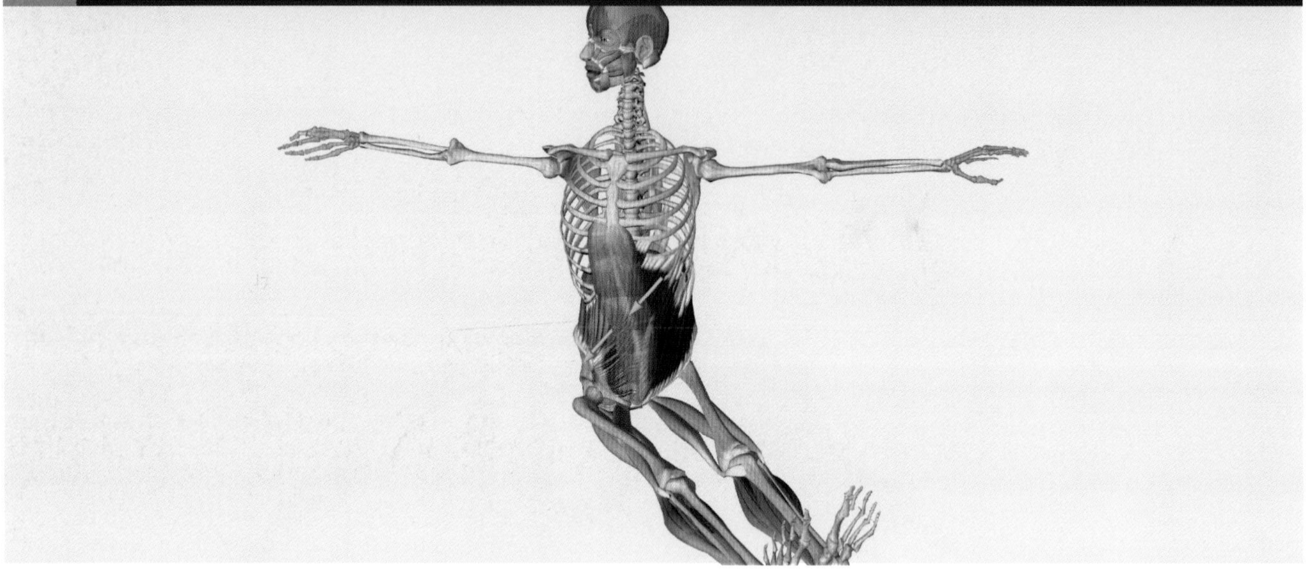

척추

The Spine

파트 D _ 회전

Rotation

51. 척추 회전 Spine Rotation

● **레벨** : 중급
● **관련 근육** : 복사근, 심부 척추 회전근, 장요근

A. 시작 자세
● 체어에 앉아 양팔을 외전시켜 양옆으로 들어 올린다.
● 다리를 펴서 모으고 엉덩이 높이로 올린다.
● 골반과 견갑골을 중립 자세로 둔다.

B. 운동
● 척추를 한쪽으로 회전시킨다.
● 회전이 허리부터 위로 일어나도록 한다.
● 다리를 모아 동일한 높이로 유지한다.

C.
● 중앙으로 되돌아가 1회 반복을 완료한다.

관련 근육

복사근, 척추 심부 회전근, 장요근

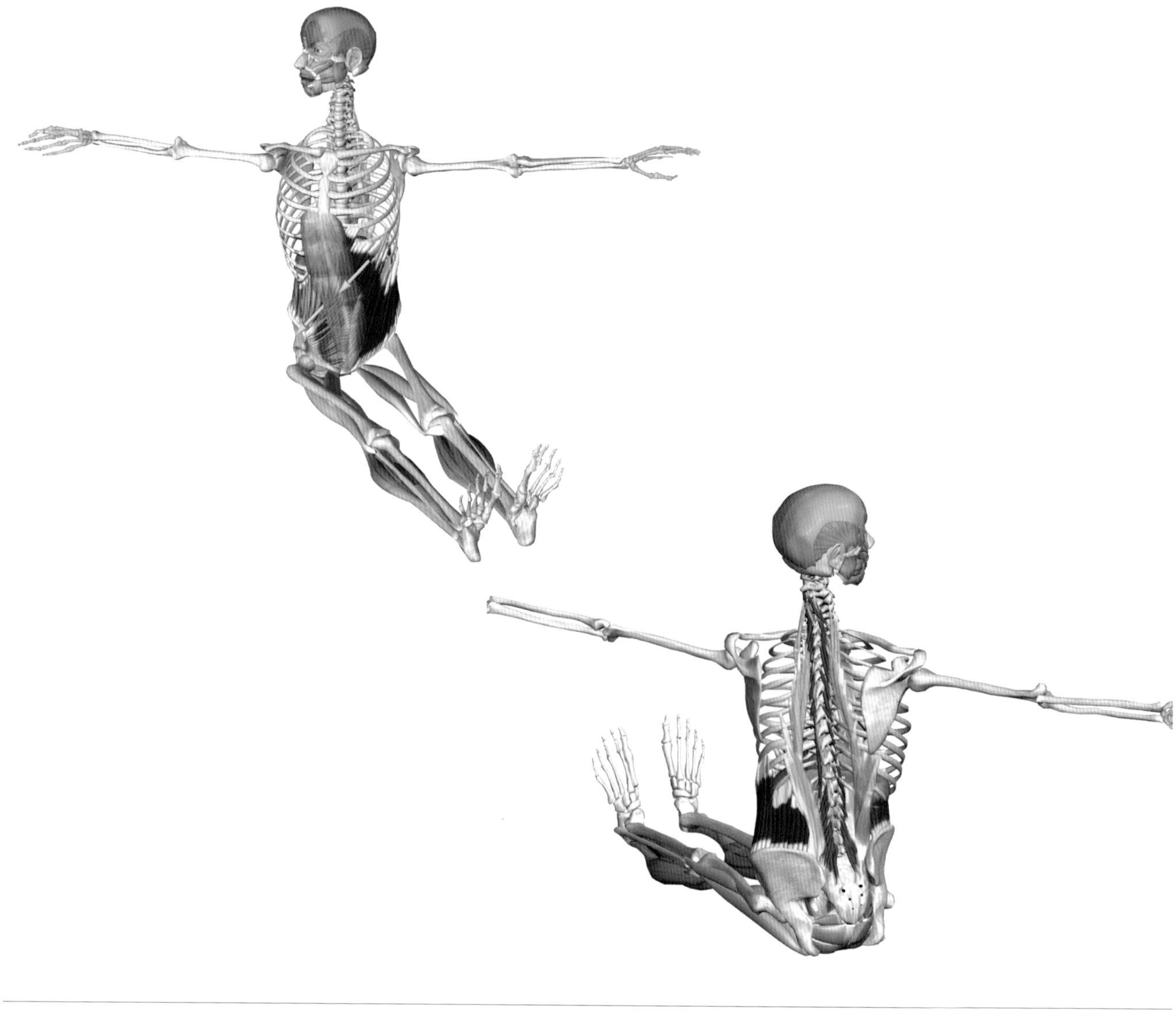

외복사근이 대측(contralateral, 對側)으로 움직임을 일으키면서,
내복사근이 수축하여 동측(ipsilateral, 同側)으로 움직임을 일으킨다.
회전 중에는 몸통의 후방 근육이 수축하여 복사근의 굴곡 토크(torque, 회전우력)에
저항해 몸통을 수직으로 유지한다.
다열근과 같은 심부 척추 근육이 수축하여 몸통 신전을 돕고 아울러 회전을 보조할 수도 있다.

52. 상급 척추 회전 Advanced Spine Rotation

● **레벨** : 상급 ● **스프링 장력** : 약 또는 중

● **관련 근육** : 복사근, 심부 척추 회전근, 엉덩이 높이에서 척추기립근, 고관절 굴근

A. 시작 자세

● 체어에 페달을 등지고 앉아 양팔을 외전시켜 양옆으로 들어 올린다.

● 다리를 펴서 모으고 엉덩이 높이로 올린다.

● 골반과 견갑골을 중립 자세로 둔다.

B. 운동

● 척추를 한쪽으로 회전시킨다.

● 회전이 허리부터 위로 일어나도록 한다.

● 다리를 모아 동일한 높이로 유지한다.

C.

● 척추를 굴곡시키고 회전 방향 쪽 손을 페달에 올려놓는다.

● 페달을 밀어 내린다.

D.

● 페달을 더 밀어 내린다.

● 척추를 굴곡시켜 회전 자세(B 자세)로 되돌아간 다음 중립 자세(시작 자세)를 취한다.

주의 : 골반이 전방으로 기울도록 해서는 안 된다.

53. 크리스 크로스 Criss cross

● **레벨** : 중급

● **관련 근육** : 복사근, 복직근, 고관절 굴근

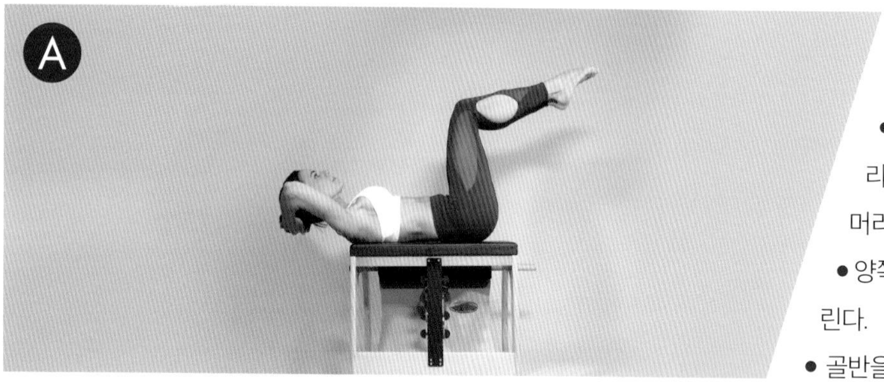

A. 시작 자세

● 체어 위에서 바로 누운 자세를 취하되, 머리와 목이 매트 바깥으로 나가게 하고 양손을 머리 뒤에 둔다.

● 양쪽 다리를 수직으로 들어 올려 90도로 구부린다.

● 골반을 중립 자세로 둔다.

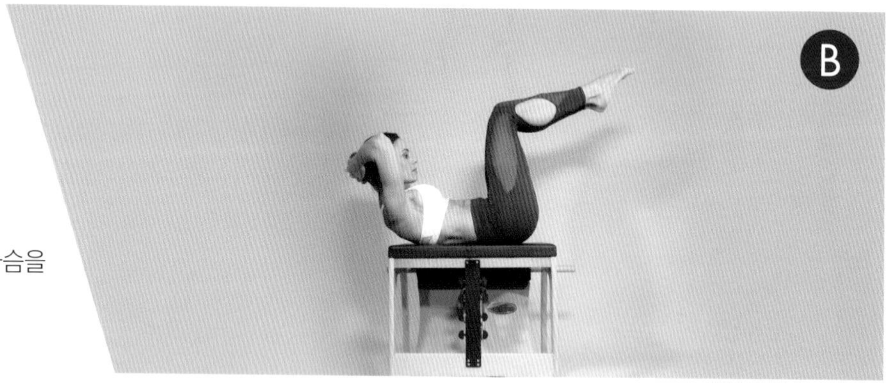

B. 운동

● 턱을 목 쪽으로 당겨 들인 다음 머리와 가슴을 들어 올린다.

● 골반을 중립 자세로 유지한다.

C.

● 몸통 상부를 한쪽으로 회전 및 굴곡시키고 동시에 반대쪽 다리를 앞쪽으로 편다.

● 골반을 중립 자세로 유지한다.

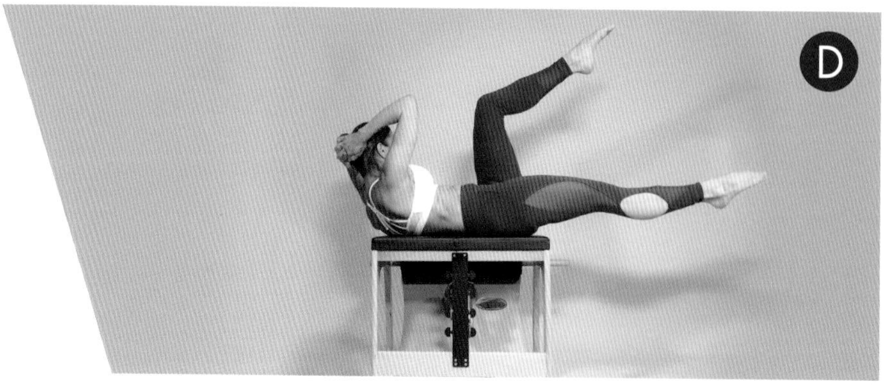

D.

● 측면을 바꾼다.

2 CHAPTER

척추

The Spine

파트 E _ 다관절 운동

Multi-joint Exercises

54. 마루 위 'V' 자세

'V' on the floor

● **레벨** : 중급　● **스프링 장력** : 약 또는 중

● **관련 근육** : 복근, 어깨 근육, 광배근, 삼두근, 고관절 굴근

A. 시작 자세

● 체어 앞쪽에 앉아 양쪽 다리와 양손을 페달에 올려놓고 다리와 팔을 펴서 'V' 자세를 취한다.

● 척추를 약간 굴곡시킨다.

B. 운동

● 상체의 자세를 바꾸지 않으면서 양팔을 편 채 페달을 밀어 내린다.

● 페달을 올려 1회 반복을 완료한다.

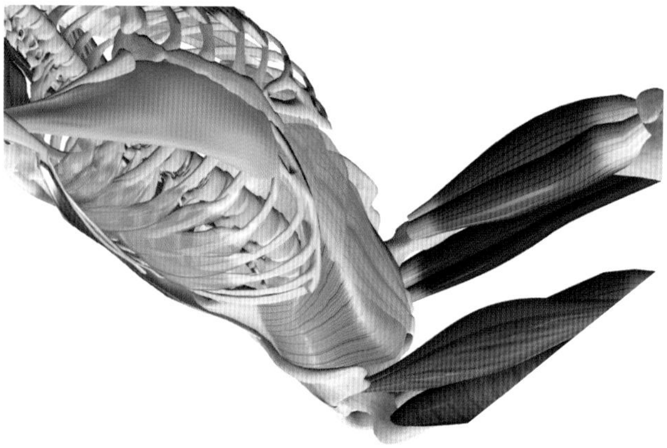

복근, 광배근과 흉근이 모두 강하게 수축하여 몸통의 자세를 유지하고 페달을 밀어 내리며, 어깨관절을 신전시킨다. 고관절 굴근은 등척성으로 수축하여 다리를 굴곡 상태로 유지하고 대퇴사두근은 무릎을 신전 상태로 유지한다.

55. 역 V 자세 Reverse V

- **레벨** : 중급 ● **스프링 장력** : 중
- **관련 근육** : 복근, 어깨 근육, 광배근, 고관절 굴근

A. 시작 자세
- 체어에 앉아 양손으로 체어 앞쪽을 잡는다.
- 양발의 볼을 페달에 올려놓고 발뒤꿈치를 들어 올린다.
- 척추를 굴곡시키고 엉덩이를 들어 올리면서 다리를 편다.

B. 운동
- 페달을 올리면서 고관절 굴곡을 심화시킨다.
- 양쪽 다리와 양팔을 편 상태를 유지한다.

C.
- 페달을 밀어 내려 1회 반복을 완료한다.

56. 상급 역 V 자세 Reverse V advanced

• **레벨** : 상급 • **스프링 장력** : 중

• **관련 근육** : 복근, 어깨 근육, 고관절 굴근, 견갑골 안정근

A. 시작 자세

• 체어에 앉아 양손으로 체어 앞쪽을 잡는다.

• 양발의 볼을 페달에 올려놓고 발뒤꿈치를 들어 올린다.

• 척추를 굴곡시키고 엉덩이를 들어 올리면서 다리를 편다.

B. 운동

• 페달을 올리면서 고관절 굴곡을 심화시킨다.

• 양쪽 다리와 양팔을 편 상태를 유지한다.

C.

• 한쪽 무릎을 구부린다.

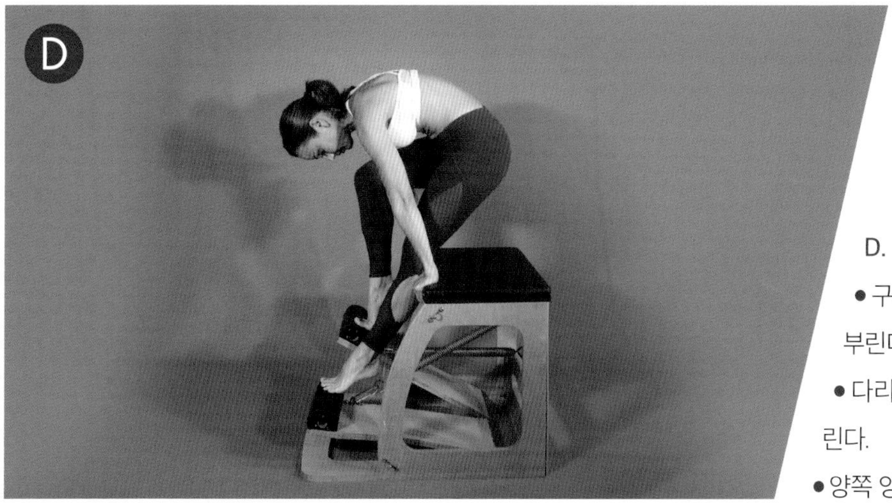

D.

- 구부린 무릎을 펴고 동시에 반대쪽 무릎을 구부린다.
- 다리를 교대하면서 각각의 무릎을 5번씩 구부린다.
- 양쪽 엉덩이를 동일한 높이로 유지한다.

E.

- 양 무릎을 편다.

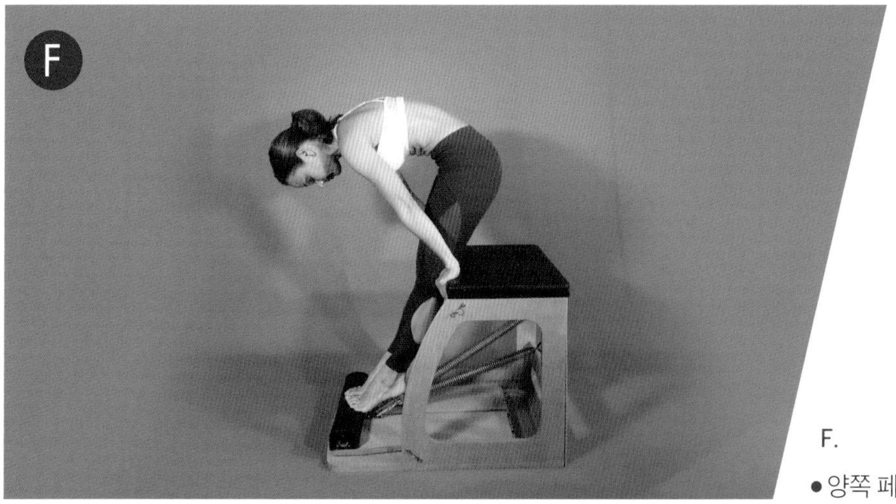

F.

- 양쪽 페달을 밀어 내려 시작 자세로 되돌아간다.

57. 척추 굴곡 스탠딩 프레스 Standing Press with spine in flexion

● **레벨** : 중급 ● **스프링 장력** : 약 또는 중

● **관련 근육** : 복근, 고관절 신근

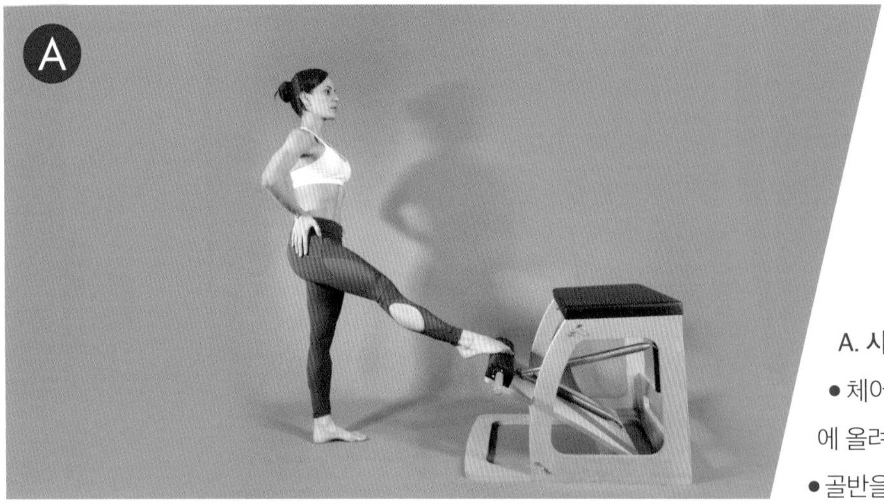

A. 시작 자세

● 체어 앞쪽에 서서 한쪽 다리를 펴서 발을 페달에 올려놓고 양손을 엉덩이에 얹는다.

● 골반을 중립 자세로 둔다.

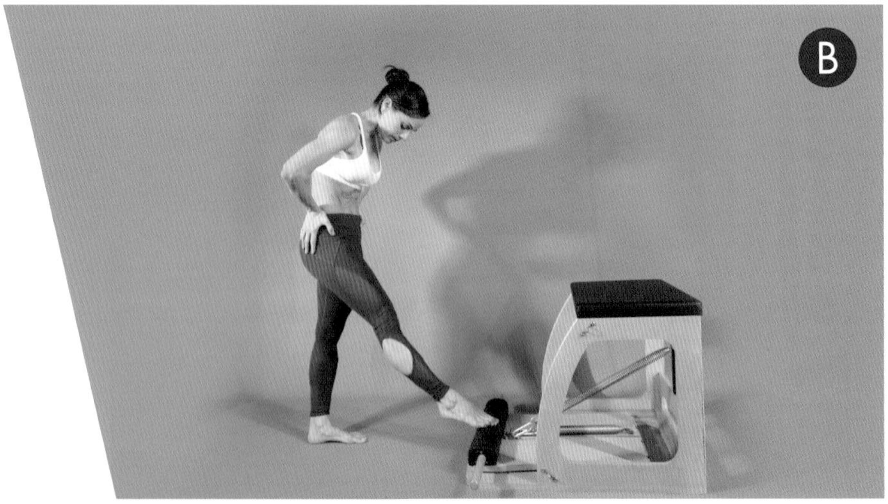

B. 운동

● 척추를 굴곡시키고 페달을 밀어 내린다.

C.

● 페달을 올리고 척추를 중립 자세로 되돌려 1회 반복을 완료한다.

58. 체어 위 한 다리 파이크 Single Leg Pike over the chair

- **레벨** : 상급 • **스프링 장력** : 중 또는 강
- **관련 근육** : 복근, 어깨 근육, 고관절 신근, 고관절 굴근, 견갑골 안정근

A. 시작 자세

- 체어에 앉아 양손으로 체어 앞쪽을 잡고 양팔을 편다.
- 한쪽 발볼을 페달에 올려놓고 발뒤꿈치를 들어 올린다.
- 척추를 굴곡시키고 엉덩이를 들어 올리면서 페달 위에 있는 다리를 펴며 반대쪽 다리를 체어 뒤쪽으로 뻗되, 양쪽 엉덩이를 수평으로 둔다.

B. 운동

- 엉덩이를 들어 올리고 고관절 굴곡을 증가시켜 페달을 올린다.
- 양쪽 엉덩이를 수평으로 두고 양팔을 편 상태를 유지한다.
- 페달을 내려 1회 반복을 완료한다.

59. 다리 신전 파이크　Pike with extension

• **레벨** : 중급　• **스프링 장력** : 중

• **관련 근육** : 복근, 어깨 근육, 대둔근, 견갑골 안정근

A. 시작 자세

• 체어 앞쪽에 서서 양손으로 체어의 양측을 잡고 양발의 볼을 페달에 올려 족저굴곡으로 만든다.

• 양팔과 양쪽 다리를 펴고 척추를 굴곡시킨다.

B. 운동

• 한쪽 다리를 뻗는다.

• 운동 내내 척추를 굴곡시킨 상태를 유지한다.

• 양쪽 엉덩이를 수평으로 유지한다.

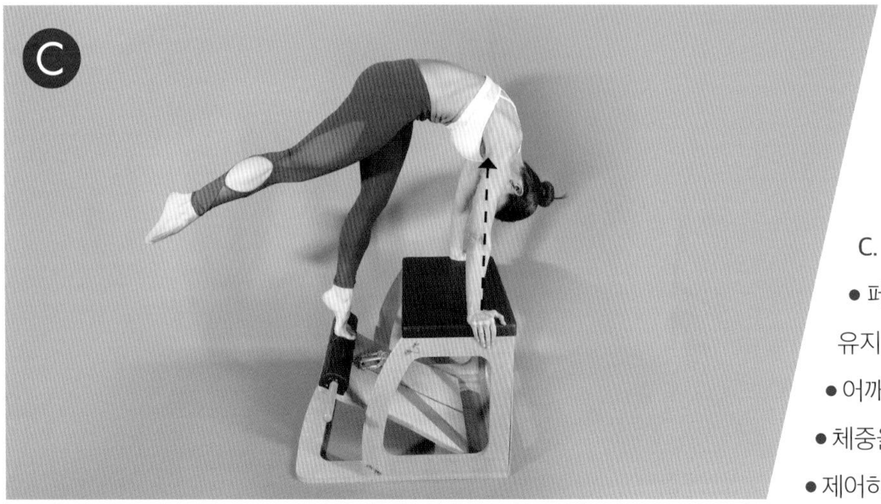

C.

• 페달을 올리되, 뻗은 다리를 동일한 높이로 유지한다.

• 어깨를 손 위로 정렬한다.

• 체중을 체어 위로 기울인다.

• 제어하면서 페달을 내려 1회 반복을 완료한다.

60. 다리 굴곡/신전 파이크 Pike with leg in flexion and extension

● **레벨** : 상급 ● **스프링 장력** : 중

● **관련 근육** : 복근, 어깨 근육, 고관절 신근, 고관절 굴근, 견갑골 안정근

A. 시작 자세

● 체어 앞쪽에 서서 양손으로 체어의 양측을 잡고 양팔을 편다.

● 한쪽 발볼을 페달에 올려 발뒤꿈치를 들어 올리고 다리를 편 다음 다른 쪽 다리를 굴곡시킨다(무릎을 가슴으로 가져간다).

● 척추를 굴곡시킨다.

B. 운동

● 페달을 올리고 굴곡시킨 다리를 뻗으며 신전시킨다.

● 운동 내내 척추를 굴곡시킨 상태를 유지한다.

● 양쪽 엉덩이를 수평으로 유지한다.

C.

● 제어하면서 페달을 내려 천천히 시작 자세로 되돌아간다.

● 깊은 파이크 자세를 유지한다.

61. 트위스트 파이크

Pike with twist

- **레벨** : 중급 - **스프링 장력** : 중 또는 강
- **관련 근육** : 복사근, 어깨 근육, 고관절 굴근, 견갑골 안정근

A. 시작 자세

- 체어 앞쪽에 옆으로 서서 안쪽 팔을 펴서 매트를 짚고 바깥쪽 발이 안쪽 발 앞으로 놓이도록 양발을 페달에 올려놓는다.
- 바깥쪽 팔을 펴서 위쪽으로 들어 올리고 척추를 측면 굴곡시킨다.

B. 운동

- 페달을 올리면서 척추를 굴곡 및 회전시킨다.
- 양쪽 다리와 매트 위에 있는 팔이 펴진 상태를 유지한다.

C.

- 천천히 페달을 내리고 시작 자세로 되돌아간다.

62. 측면 파이크 Lateral Pike

● **레벨** : 중급 ● **스프링 장력** : 중
● **관련 근육** : 복사근, 어깨 근육, 고관절 굴근, 견갑골 안정근

A. 시작 자세
● 체어 앞쪽에 옆으로 서서 안쪽 팔을 펴서 매트를 짚고 안쪽 발을 페달에 올려 다리를 펴며 바깥쪽 손을 머리 뒤에 둔다.
● 바깥쪽 다리를 옆으로 들어 올려 구부리고 무릎에서 머리까지 일직선을 이루도록 한다.

B. 운동
● 페달을 올리면서 척추 측면 굴곡을 심화시킨다.

C.
● 천천히 페달을 내리고 시작 자세로 되돌아간다.

63. 교차 파이크 Crossed Pike

● **레벨** : 중급 ● **스프링 장력** : 중

● **관련 근육** : 복사근, 어깨 근육, 고관절 굴근, 견갑골 안정근

A. 시작 자세

● 체어 앞쪽에 서서 오른손으로 체어의 우측 하단 모서리를, 왼손으로 체어의 좌측 상단 모서리를 잡는다.

● 오른발이 왼발 앞으로 놓이도록 양발을 페달에 올려놓는다.

● 양팔과 양쪽 다리를 펴고 골반과 견갑골을 가능한 한 중립 자세로 유지한다.

B. 운동

● 척추를 굴곡시킨다.

C.

● 페달을 올린다.

● 페달을 내리고 중립 자세(시작 자세)로 되돌아간다.

64. 외전 교차 파이크 Crossed Pike with abduction

●**레벨** : 상급 ●**스프링 장력** : 중

●**관련 근육** : 복사근, 어깨 근육, 고관절 외전근, 견갑골 안정근

A. 시작 자세

●체어 앞쪽에 서서 오른손으로 체어의 우측 하단 모서리를, 왼손으로 체어의 좌측 상단 모서리를 잡는다.

●왼발의 볼을 페달의 왼쪽 끝에 올려놓고 오른발을 왼발 뒤로 둔다.

●양팔과 양쪽 다리를 펴고 몸통을 굴곡시킨다.

B. 운동

●페달을 올리면서 고관절 굴곡을 심화시킨다.

C.

●페달을 위로 유지하고 오른쪽 다리를 외전시켜 90도 각도를 이루게 한다.

●몸통을 굴곡시킨 상태를 유지한다.

D.

●외전시킨 다리를 90도 각도로, 몸통을 굴곡시킨 상태로 유지하면서 천천히 페달을 내린다.

●다리를 내리고 시작 자세로 되돌아가 1회 반복을 완료한다.

65. 다리 교차 평행 파이크 Parallel Pike crossed legs

• **레벨** : 중급 • **스프링 장력** : 중

• **관련 근육** : 복사근, 어깨 근육, 고관절 외전근, 견갑골 안정근

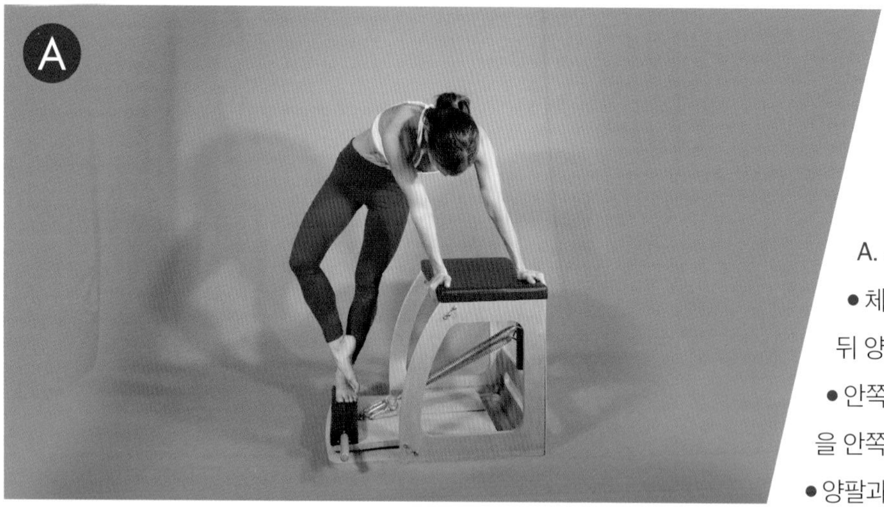

A. 시작 자세

• 체어 앞쪽에 옆으로 서서 양손으로 체어의 앞 뒤 양측을 잡는다.

• 안쪽 발을 페달에 평행하게 올려놓고 바깥쪽 발을 안쪽 발 위에 가볍게 얹는다.

• 양팔과 안쪽 다리를 펴고 척추를 굴곡시킨다.

B. 운동

• 페달을 올리면서 고관절 굴곡을 심화시킨다.

• 손과 어깨를 정렬한다.

C.

• 제어하면서 페달을 내려 1회 반복을 완료한다.

66. 외전 평행 파이크 Parallel Pike with abduction

- **레벨** : 상급 • **스프링 장력** : 중 또는 강
- **관련 근육** : 복사근, 어깨 근육, 고관절 외전근, 견갑골 안정근

A. 시작 자세

- 체어 앞쪽에 옆으로 서서 양손으로 체어의 앞 뒤 양측을 잡는다.
- 안쪽 발을 페달에 평행하게 올려놓고 바깥쪽 다리를 외전시킨다.
- 양팔과 양쪽 다리를 펴고 척추를 굴곡시킨다.

B. 운동

- 페달을 올리면서 고관절 굴곡을 심화시킨다.
- 손과 어깨를 정렬한다.
- 외전시킨 다리를 동일한 각도로 유지한다.

C.

- 제어하면서 페달을 내려 1회 반복을 완료한다.
- 바깥쪽 다리는 외전시킨 상태로 둔다.

67. V 자세 준비 Preparation for the V

● **레벨** : 중급 ● **스프링 장력** : 약

● **관련 근육** : 복근, 어깨 근육, 고관절 굴근, 견갑골 안정근

A. 시작 자세

● 체어 위에 바로 누우면서 양팔을 뒤로 뻗어 양 손으로 페달의 양 끝부분을 잡는다.

● 다리를 펴서 모아 엉덩이와 동일한 높이로 둔다.

● 척추를 굴곡시키고 견갑골을 후인(retraction, 들임)시킨다.

B. 운동

● 페달을 밀어 내리되, 골반을 중립 자세로 유지한다.

주의 : 골반을 전방으로 경사시켜서는 안 된다.

C.

● 페달을 올려 1회 반복을 완료한다.

68. V 자세 The V

● **레벨** : 상급 ● **스프링 장력** : 약

● **관련 근육** : 복근, 광배근, 흉근, 고관절 굴근, 견갑골 안정근

A. 시작 자세

● 체어에 앉아 양팔을 뒤로 뻗어 양손으로 페달의 양 끝부분을 잡는다.

● 양쪽 다리를 펴서 모으고 고관절을 굴곡시켜 몸을 V 자세로 만든다.

● 견갑골을 후인(들임)시킨다.

B. 운동

● 페달을 밀어 내리면서 척추를 한 번에 한 마디씩 내린다(요추부에 강조점을 둔다).

● 다리는 시작 자세로 유지한다.

C.

● 페달을 더 내려 척추 굴곡을 심화시킨다.

D.

● 페달을 더욱 내려 척추가 중립 자세가 되도록 한다.

주의 : 골반을 전방으로 경사시켜서는 안 된다.

관련 근육

복근, 광배근, 흉근, 고관절 굴근, 견갑골 안정근(능형근, 전거근, 중승모근)

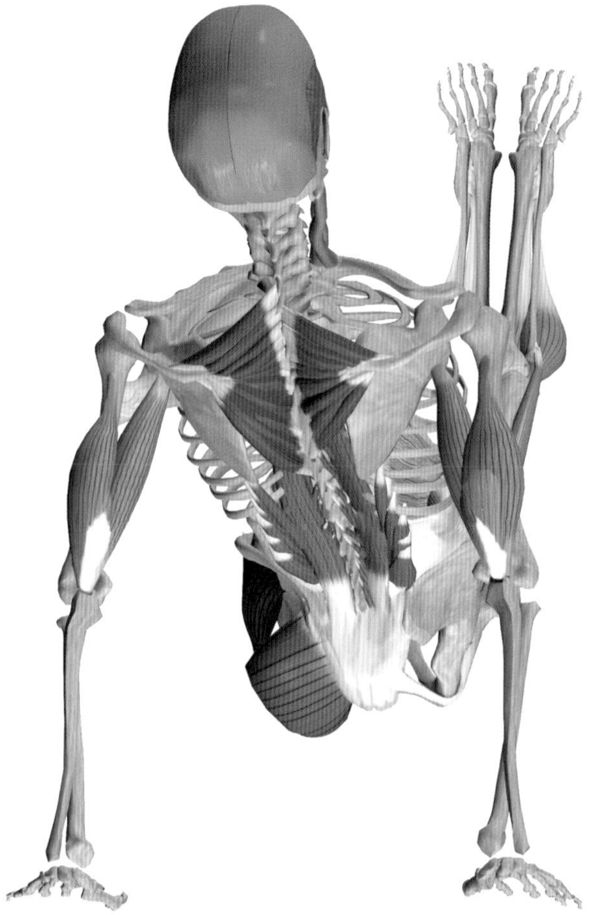

V 자세 운동에서는 많은 근육들 사이에 근육이 수축하는 상호작용이 일어난다.
중승모근은 견갑골을 후인시키고 삼두근은 어깨와 팔꿈치를 신전시킨다.
큰 척추기립근군은 수축하여 흉곽을 제어하고 확장시킨다.

69. 회전 V 자세 V with rotation

- **레벨** : 상급 • **스프링 장력** : 약 또는 중
- **관련 근육** : 복직근, 복사근, 흉근, 고관절 굴근, 견갑골 안정근

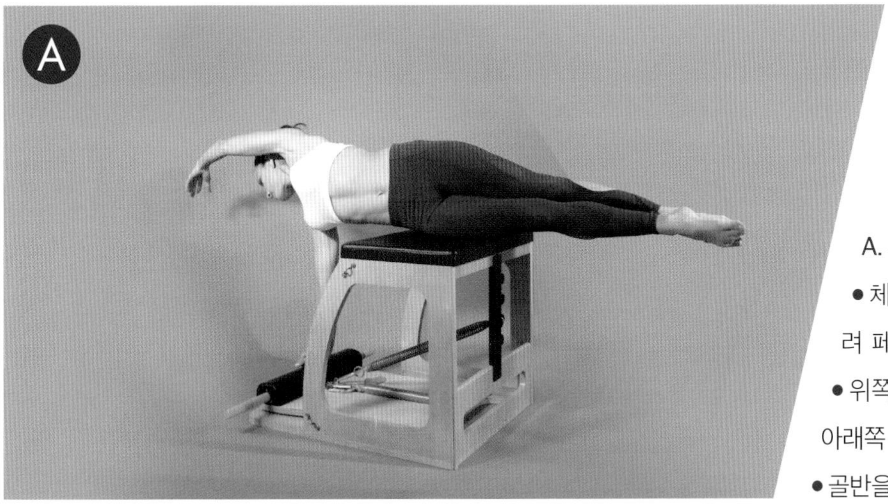

A. 시작 자세

- 체어 위에 옆으로 누워 아래쪽 손을 페달에 올려 페달을 밀어 내리고 손을 어깨와 정렬한다.
- 위쪽 팔을 머리 위로 올린다. 양쪽 다리를 펴서 아래쪽 발이 위쪽 발 앞에 놓이도록 한다.
- 골반을 중립 자세로 둔다.

B. 운동

- 페달을 올리면서 척추를 측면으로 굴곡시킨다.
- 고관절을 굴곡시킨다.
- 좌골을 체어에 댄다.

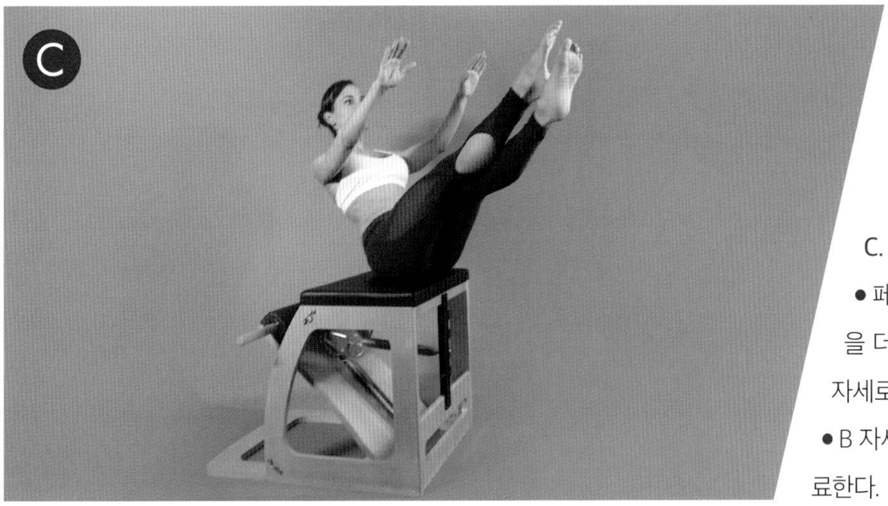

C.

- 페달을 놓아주고 몸통을 회전시키며 고관절을 더 굴곡시키고 양팔을 앞쪽으로 뻗어 몸을 V 자세로 만든다.
- B 자세를 거쳐 A 자세로 되돌아가 1회 반복을 완료한다.

70. 잭 나이프 Jack Knife

- **레벨** : 상급
- **관련 근육** : 복근, 고관절 굴근, 척추 신근

A. 시작 자세
- 체어 앞쪽에 바로 누워 양팔을 펴서 체어 앞쪽 하단의 양측을 잡는다.
- 다리를 펴서 모아 45도로 들어 올린다.
- 골반을 중립 자세로 둔다.

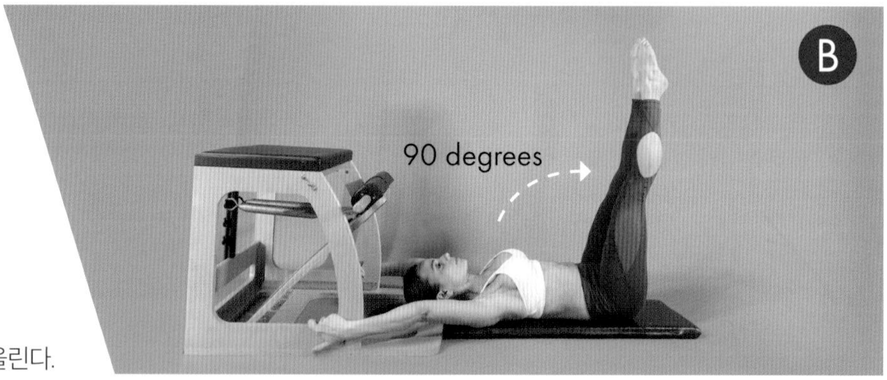

B. 운동
- 고관절을 굴곡시켜 다리를 90도로 들어 올린다.

C.
- 척추를 순차적으로 올리고 고관절을 더 굴곡시킨다.
- 양발을 체어에 얹는다.

D.
- 양발을 천장으로 올려 상체까지 일직선을 이루도록 한다.
- 고관절을 굴곡시키고 척추를 순차적으로 내려 시작 자세로 되돌아간다.

2 CHAPTER

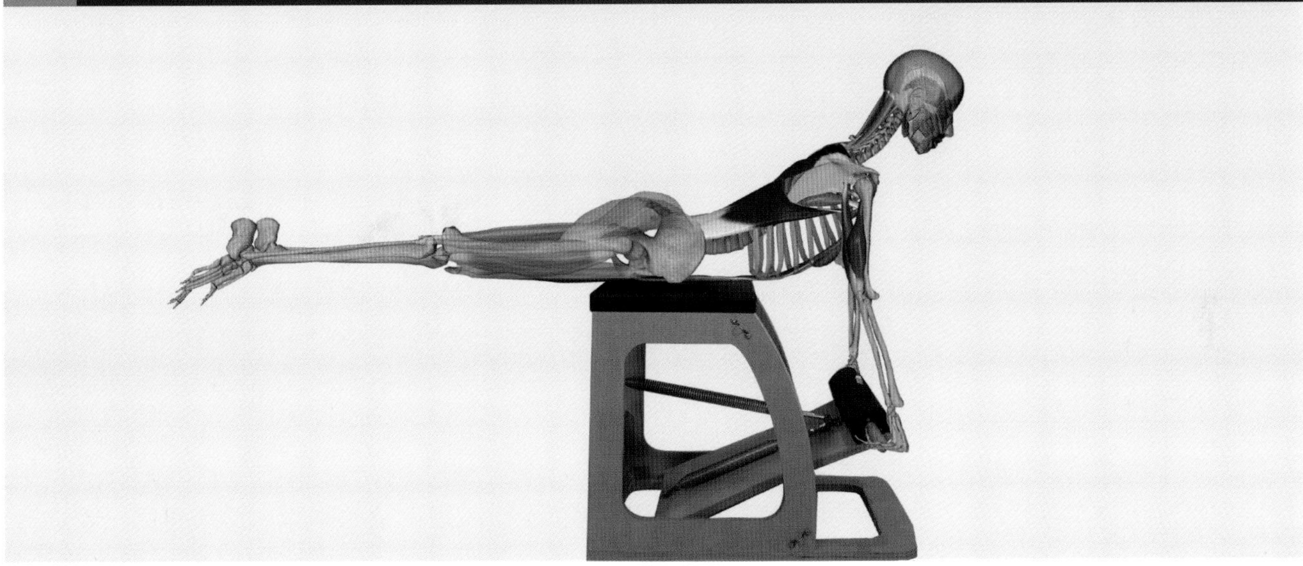

척추

The Spine

파트 F _ 척추 중립 다관절 운동

Multi-joint Exercises with Spine in Neutral Position

71. 플랭크/푸시업 Plank and Push Up

● **레벨** : 상급 ● **스프링 장력** : 중

● **관련 근육** : 복근, 어깨 근육, 삼두근, 광배근, 흉근, 고관절 굴근

A. 시작 자세

● 체어 앞쪽에서 엎드려 양손을 페달에 올려놓고 페달을 반쯤 밀어 내려 손과 어깨를 정렬한다.

● 양쪽 다리를 펴고 골반과 견갑골을 중립 자세로 두어 플랭크 자세를 취한다.

B. 운동

● 양 팔꿈치를 흉곽 가까이 가져가면서 페달을 올린다.

● 골반과 견갑골을 중립 자세로 유지한다.

● 페달을 밀어 내려 1회 반복을 완료한다.

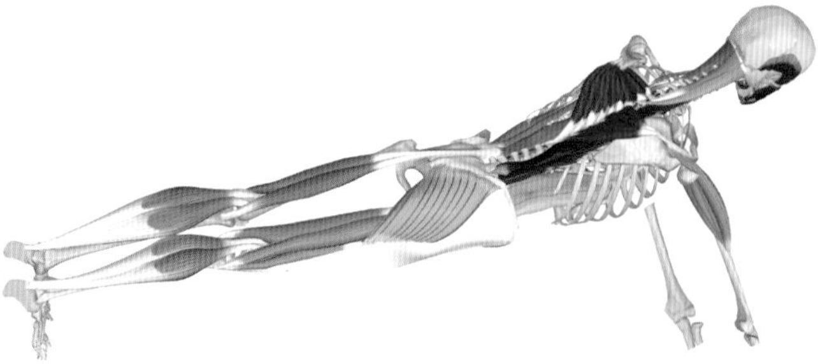

72. 팔 교대 플랭크

Plank alternating arms

● **레벨** : 상급　● **스프링 장력** : 중

● **관련 근육** : 복근, 어깨 근육, 삼두근, 광배근, 흉근, 고관절 굴근

A. 시작 자세

● 체어 앞쪽에서 엎드려 양손을 페달에 올려놓고 페달을 밀어 내려 손과 어깨를 정렬한다.

● 양쪽 다리를 펴고 골반과 견갑골을 중립 자세로 두어 플랭크 자세를 취한다.

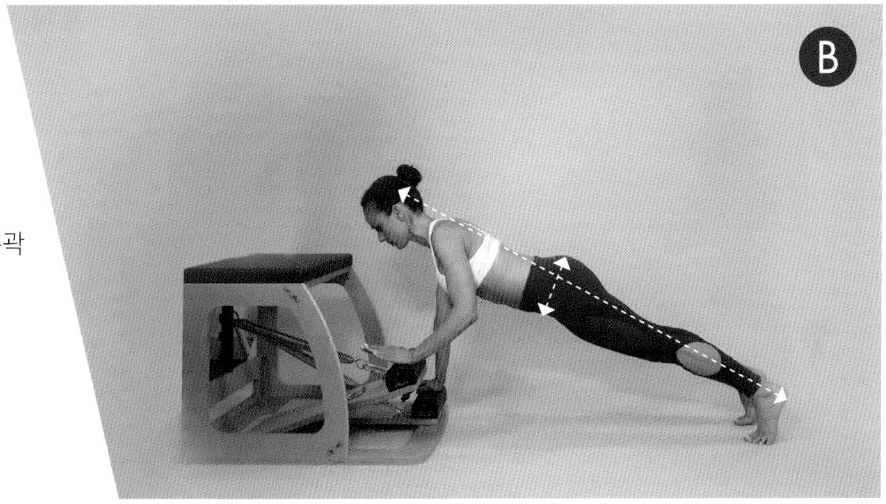

B. 운동

● 한쪽 페달을 올리면서 그쪽 팔꿈치를 흉곽 가까이 가져간다.

● 골반과 견갑골을 중립 자세로 유지한다.

C.

● 페달을 밀어 내리고 팔을 교대한다.

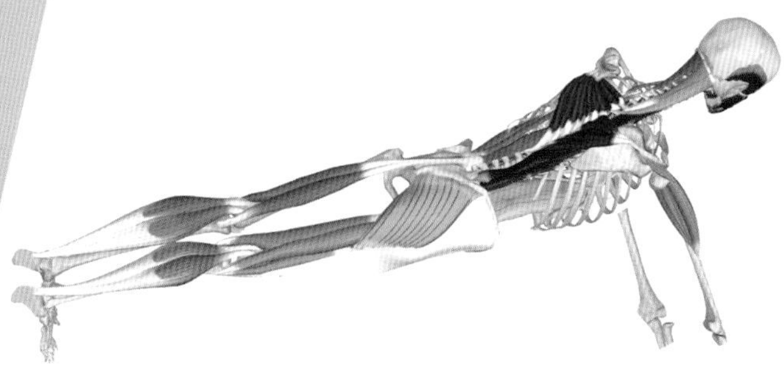

관련 근육

복근, 어깨 근육, 삼두근, 광배근, 흉근, 고관절 굴근

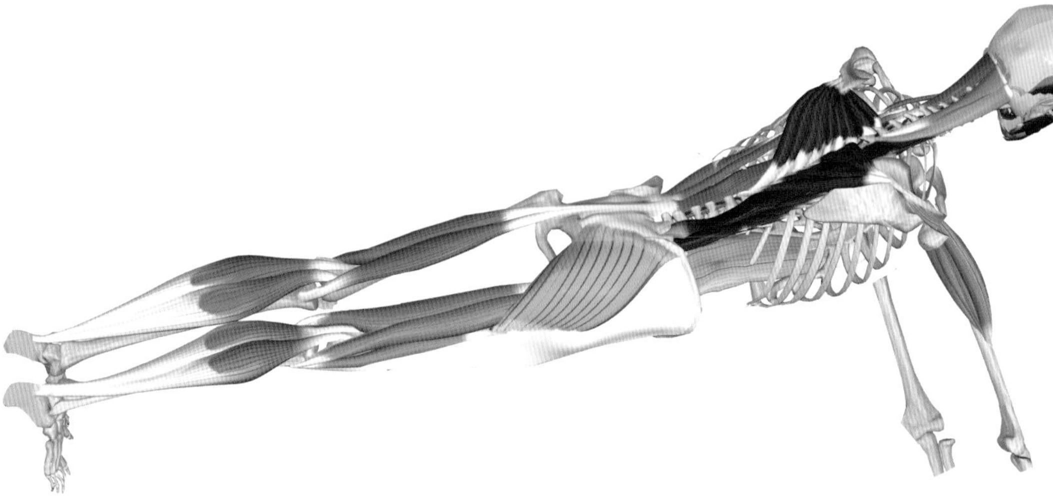

중승모근이 강하게 작용하여 견갑골의 중립 자세를 지지한다.
복근은 옹벽 효과를 발휘해 흉곽과 요추를 가장 안전한 중립 자세로 유지한다.
판상근이 수축하여 중력에 대항해 머리 자세를 지지한다.

73. 페달에 발 올려 플랭크 Plank with feet on pedal

● **레벨** : 상급 ● **스프링 장력** : 중

● **관련 근육** : 복근, 어깨 근육, 삼두근, 광배근, 흉근, 고관절 굴근

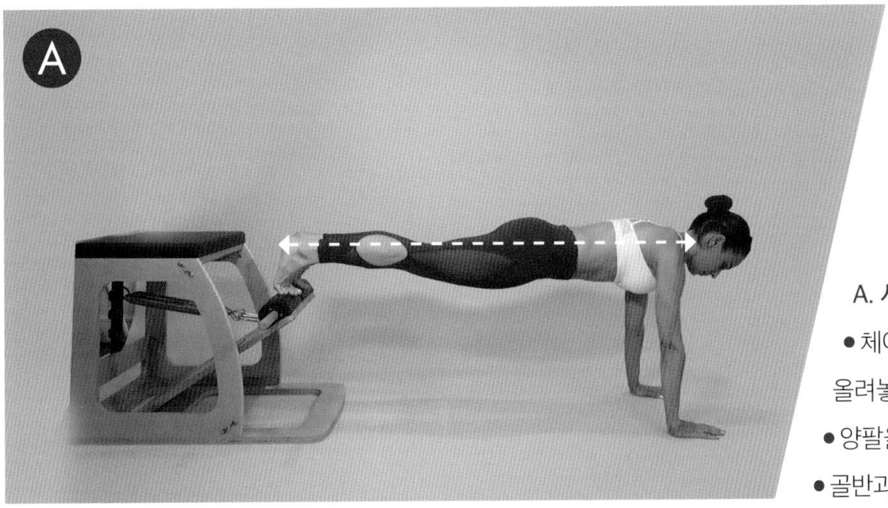

A. 시작 자세

● 체어를 등지고 엎드려 양발의 발가락을 체어에 올려놓고 양쪽 다리를 편다.

● 양팔을 펴고 손과 어깨를 정렬한다.

● 골반과 견갑골을 중립 자세로 둔다.

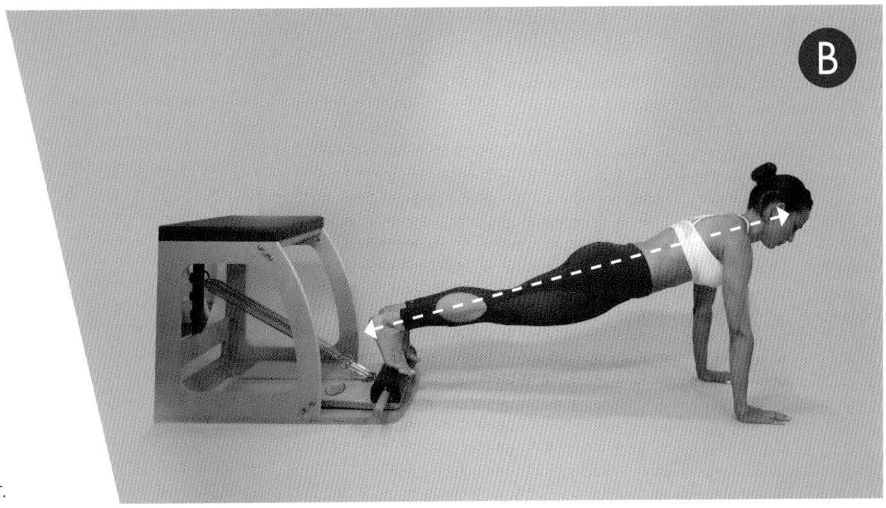

B. 운동

● 페달을 밀어 내려 플랭크 자세를 취한다.

● 발, 엉덩이와 머리를 일직선으로 유지한다.

C.

● 페달을 올려 시작 자세로 되돌아간다.

74. 한 팔 플랭크

Plank single arm

● **레벨** : 상급 ● **스프링 장력** : 중

● **관련 근육** : 복근, 어깨 근육, 삼두근, 광배근, 흉근, 견갑골 안정근, 고관절 굴근

A. 시작 자세

● 체어 앞쪽에 옆으로 엎드려 안쪽 손을 페달에, 바깥쪽 손을 바닥에 놓고 양팔을 편다.

● 양쪽 다리를 펴고 골반과 견갑골을 중립 자세로 두어 플랭크 자세를 취한다.

B. 운동

● 안쪽 팔꿈치를 90도로 구부린다.

● 양쪽 어깨를 가능한 한 동일한 높이로 유지한다.

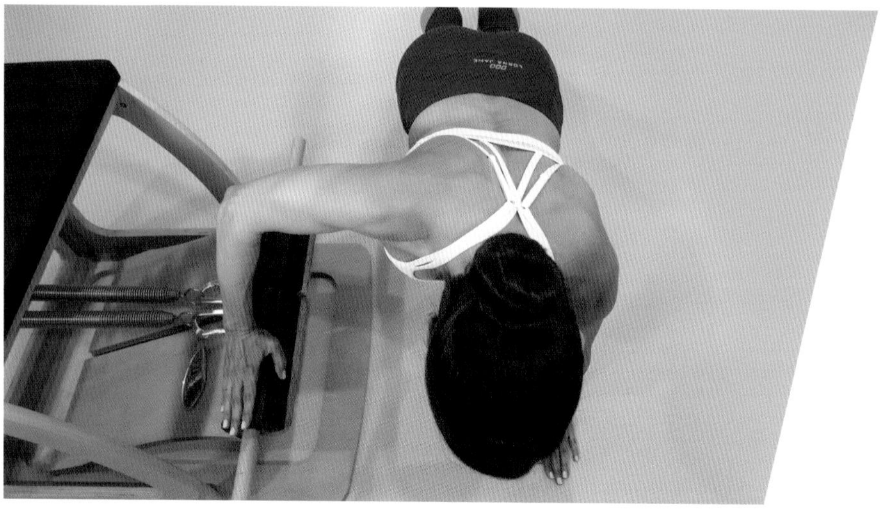

관련 근육

복근, 어깨 근육, 삼두근, 광배근, 흉근, 견갑골 안정근, 고관절 굴근

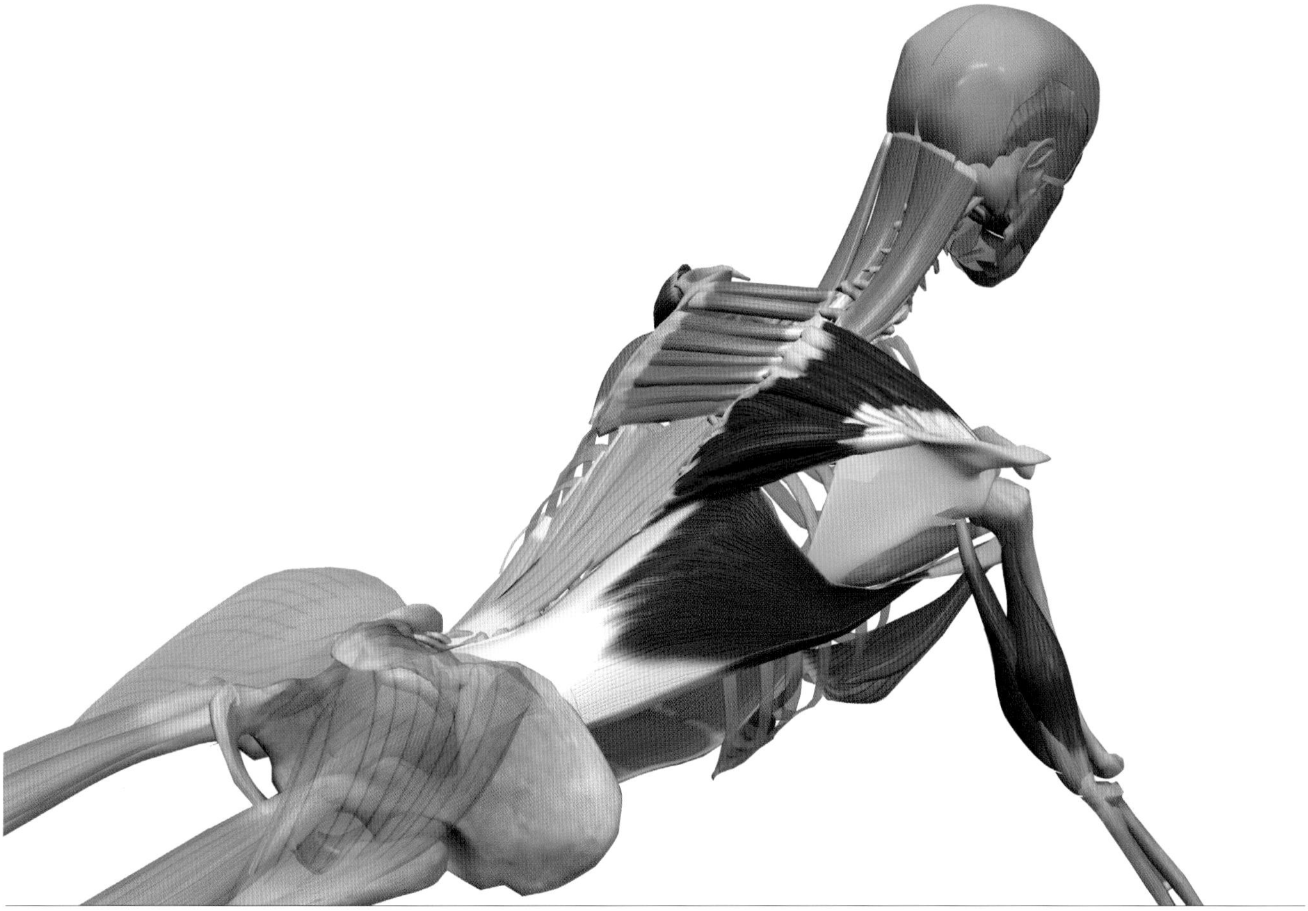

능형근과 중승모근이 등척성으로 수축하여 견갑골의 후인을 방지한다.
광배근과 흉근은 양팔을 몸 쪽으로 당겨 몸의 자세를 유지한다.

75. 발 교대 플랭크 Plank alternating feet

● **레벨** : 상급 ● **스프링 장력** : 중

● **관련 근육** : 복근, 어깨 근육, 삼두근, 광배근, 흉근, 견갑골 안정근, 고관절 굴근

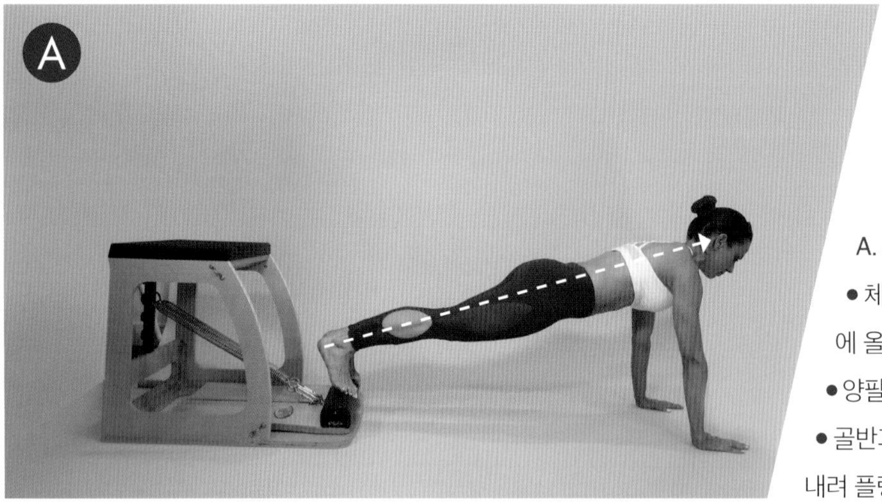

A. 시작 자세

● 체어를 등지고 엎드려 양발의 발가락을 체어에 올려놓고 양쪽 다리를 편다.

● 양팔을 펴고 손과 어깨를 정렬한다.

● 골반과 견갑골을 중립 자세로 두고 페달을 밀어 내려 플랭크 자세를 취한다.

B. 운동

● 골반과 견갑골을 중립 자세로 유지하면서 한쪽 페달을 올린다.

C.

● 엉덩이를 올리지 않으면서 페달을 밀어 내리고 발을 교대한다.

76. 한 팔 플랭크/푸시업 Single Arm Plank/Push Up

● **레벨** : 상급 ● **스프링 장력** : 중

● **관련 근육** : 복근, 어깨 근육, 삼두근, 광배근, 흉근, 견갑골 안정근, 고관절 굴근

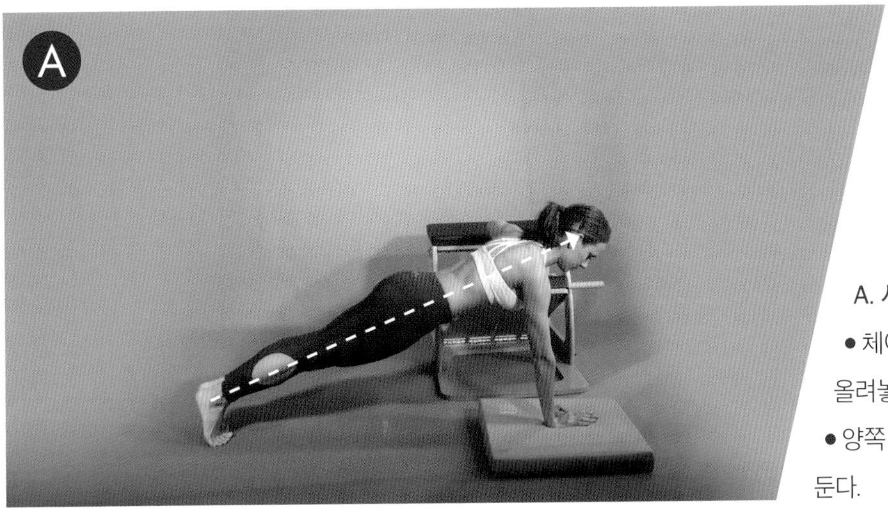

A. 시작 자세

● 체어 앞쪽에 옆으로 엎드려 안쪽 손을 페달에 올려놓고 바깥쪽 손을 매트에 얹어 팔을 편다.

● 양쪽 다리를 펴고 골반과 견갑골을 중립 자세로 둔다.

B. 운동

● 페달을 밀어 내려 플랭크 자세를 취한다.

● 양쪽 어깨를 동일한 높이로 둔다.

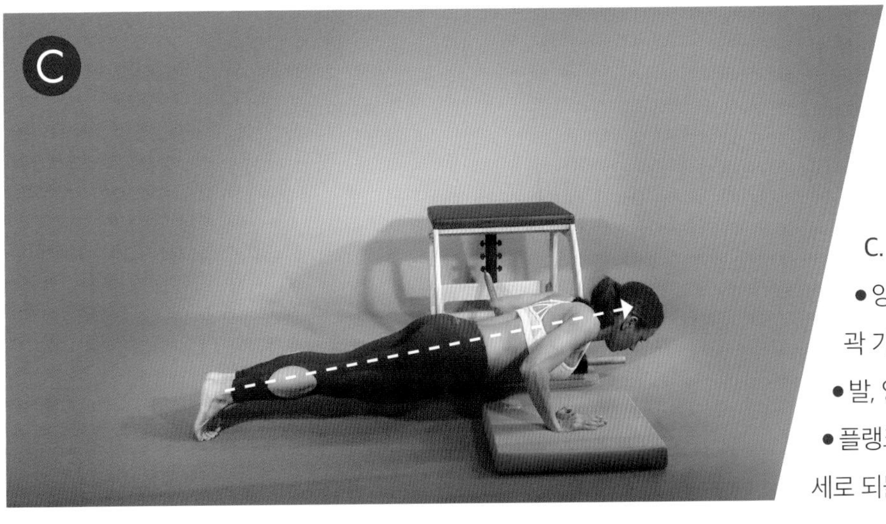

C.

● 양 팔꿈치를 90도로 구부리면서 팔꿈치를 흉곽 가까이 가져간다.

● 발, 엉덩이와 머리를 일직선으로 유지한다.

● 플랭크 자세(B 자세)를 거쳐 페달을 올려 시작 자세로 되돌아간다.

77. 회전 플랭크

Plank with rotation

- **레벨** : 상급 • **스프링 장력** : 중
- **관련 근육** : 복근, 어깨 근육, 삼두근, 광배근, 흉근, 견갑골 안정근, 고관절 굴근

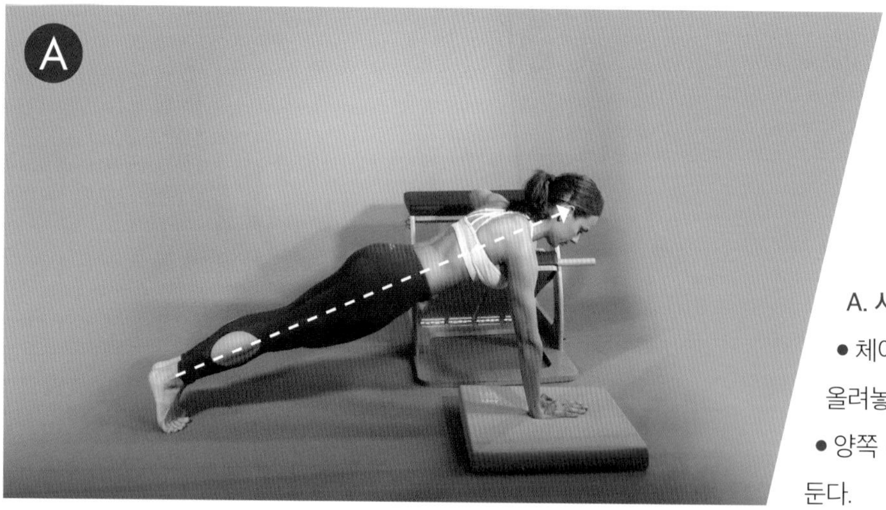

A. 시작 자세

- 체어 앞쪽에 옆으로 엎드려 안쪽 손을 페달에 올려놓고 바깥쪽 손을 매트에 얹어 팔을 편다.
- 양쪽 다리를 펴고 골반과 견갑골을 중립 자세로 둔다.

B. 운동

- 페달을 밀어 내려 플랭크 자세를 취한다.
- 양쪽 어깨를 동일한 높이로 둔다.

C.

- 몸을 회전시켜 측면 플랭크 자세를 취하고 바깥쪽 발이 안쪽 발 앞에 있도록 한다.
- 골반과 견갑골을 중립 자세로 유지한다.
- 플랭크 자세(B 자세)를 거쳐 페달을 올려 시작 자세로 되돌아간다.

78. 한 다리 물구나무서기 Handstand single leg

● **레벨** : 상급 ● **스프링 장력** : 중

● **관련 근육** : 복근, 어깨 근육, 광배근, 흉근, 견갑골 안정근, 고관절 굴근, 고관절 신근

A. 시작 자세

● 체어 앞쪽에서 양발을 페달에 올려놓은 채 물구나무선 자세를 취한다.

● 양쪽 다리를 펴고 고관절을 90도로 굴곡시킨다.

B. 운동

● 한쪽 다리를 천장 쪽으로 뻗어 몸통과 정렬한다.

● 다리를 3~5번 교대한다.

● 다리를 내려 시작 자세로 되돌아간다.

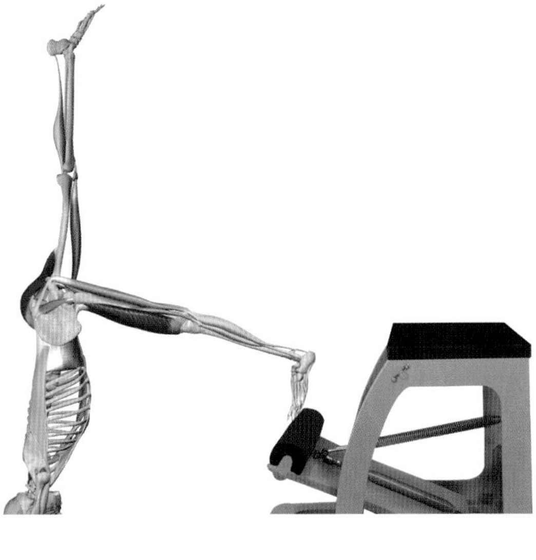

관련 근육

복근, 어깨 근육, 광배근, 흉근, 견갑골 안정근, 고관절 굴근, 고관절 신근

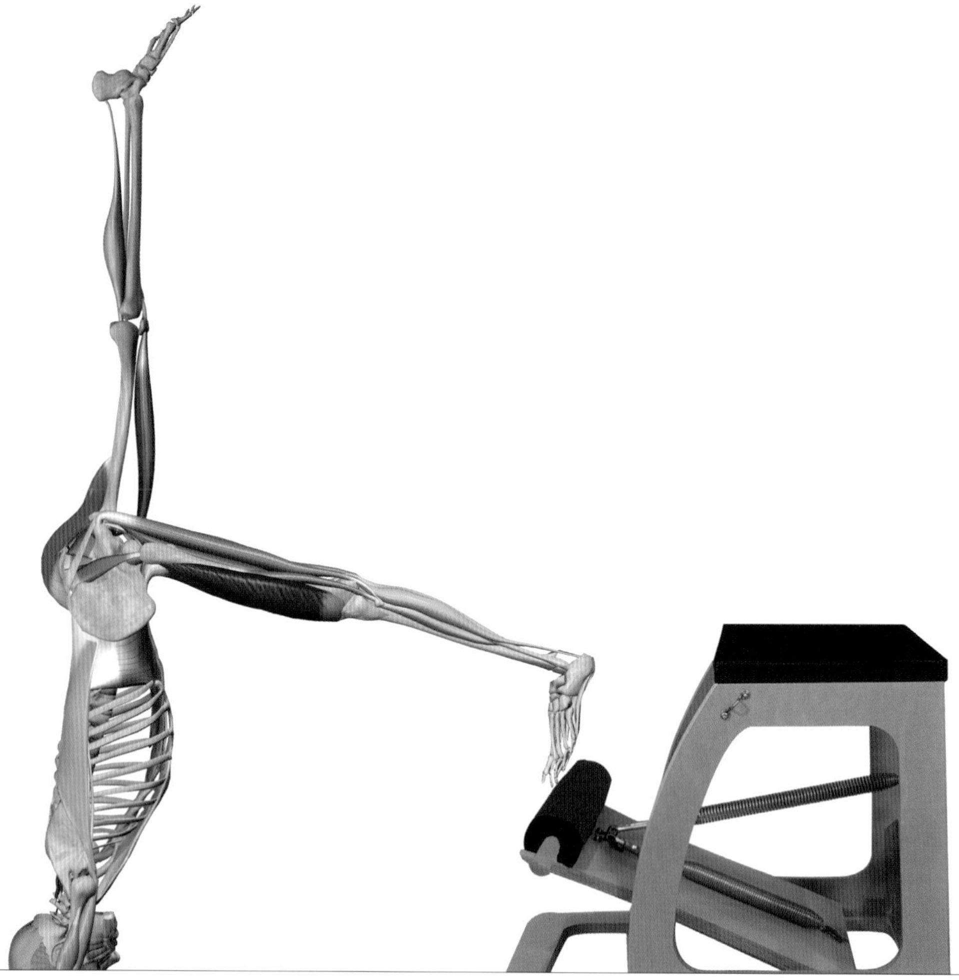

일단 물구나무서기 자세를 취하면, 고관절 신근이 다리를 수직으로 들어 올린다.

79. 물구나무서기/플랭크/푸시업 Handstand/Plank/Push Up

●**레벨** : 상급 ●**스프링 장력** : 중

●**관련 근육** : 복근, 어깨 근육, 광배근, 흉근, 견갑골 안정근, 고관절 굴근, 고관절 신근

A. 시작 자세

●체어 앞쪽에서 양발을 페달에 올려놓은 채 물구나무선 자세를 취한다.

●양쪽 다리를 펴고 고관절을 90도로 굴곡시킨다.

●한쪽 다리를 천장 쪽으로 뻗어 몸통과 정렬한다.

B. 운동

●앞으로 기어가서 플랭크 자세를 취한다.

●들어 올린 다리를 페달로 내린다.

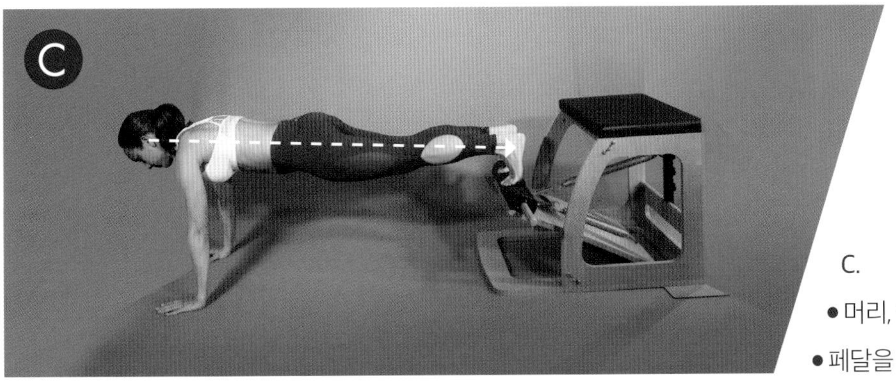

C.

●머리, 엉덩이와 발이 일직선을 이루도록 한다.

●페달을 반쯤 밀어 내린다.

D.

●가슴을 내린다(푸시업을 한다).

●페달은 C에서와 동일한 높이로 유지한다.

●양팔을 편 다음 뒤로 기어가고 다시 한쪽 다리를 천장 쪽으로 뻗어 양팔, 몸통과 들어 올린 다리가 정렬된 시작 자세로 되돌아간다.

80. 역 물구나무서기/플랭크 Reverse Handstand/Plank

●**레벨** : 상급 ●**스프링 장력** : 중

●**관련 근육** : 복근, 어깨 근육, 광배근, 흉근, 견갑골 안정근, 고관절 굴근, 고관절 신근

A. 시작 자세

●체어를 등지고 엎드려 양발의 발가락을 체어에 올려놓고 양쪽 다리를 편다.

●양팔을 펴고 손과 어깨를 정렬한다.

●머리, 엉덩이와 발이 일직선을 이루도록 하고 페달을 반쯤 밀어 내린다.

B. 운동

●뒤로 기어가고 페달을 올린다.

●고관절을 90도로 굴곡시킨다.

C.

●한쪽 다리를 천장 쪽으로 뻗어 몸통과 일직선을 이루도록 한다.

●다리를 페달로 내리고 앞으로 기어가서 시작 자세로 되돌아간다.

81. 플랭크/코브라 Plank to Cobra

● **레벨** : 상급 ● **스프링 장력** : 중

● **관련 근육** : 복근, 어깨 근육, 삼두근, 광배근, 흉근, 견갑골 안정근, 고관절 굴근, 척추 신근

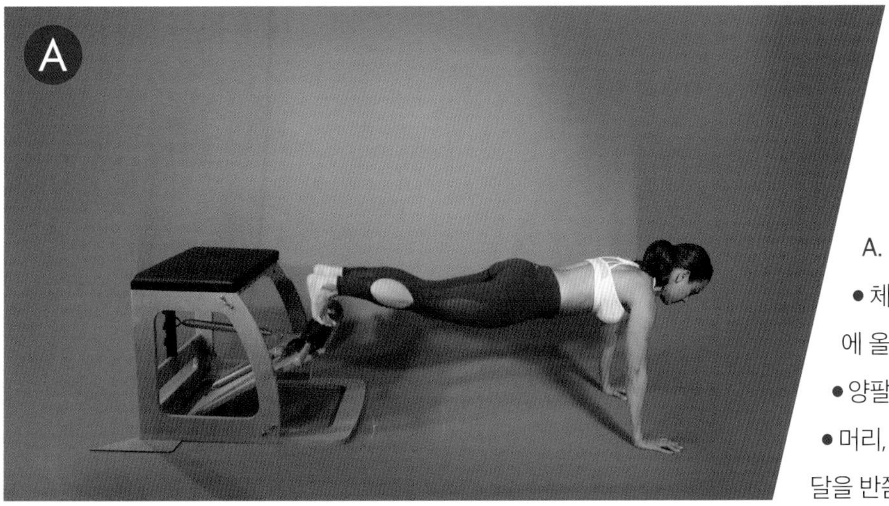

A. 시작 자세

● 체어를 등지고 엎드려 양발의 발가락을 체어에 올려놓고 양쪽 다리를 편다.

● 양팔을 펴고 손과 어깨를 정렬한다.

● 머리, 엉덩이와 발이 일직선을 이루도록 하고 페달을 반쯤 밀어 내린다.

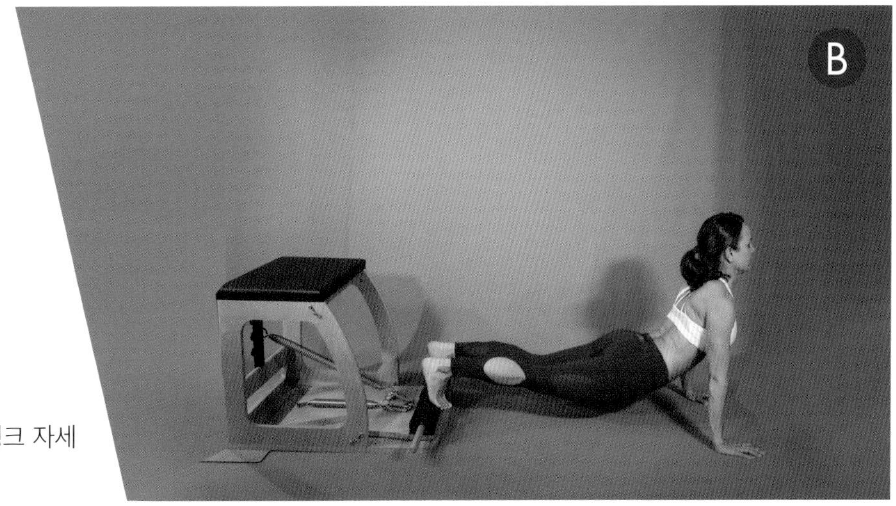

B. 운동

● 엉덩이를 내리고 페달을 밀어 내린다.

● 엉덩이를 들어 올리고 페달을 올려 플랭크 자세(시작 자세)로 되돌아간다.

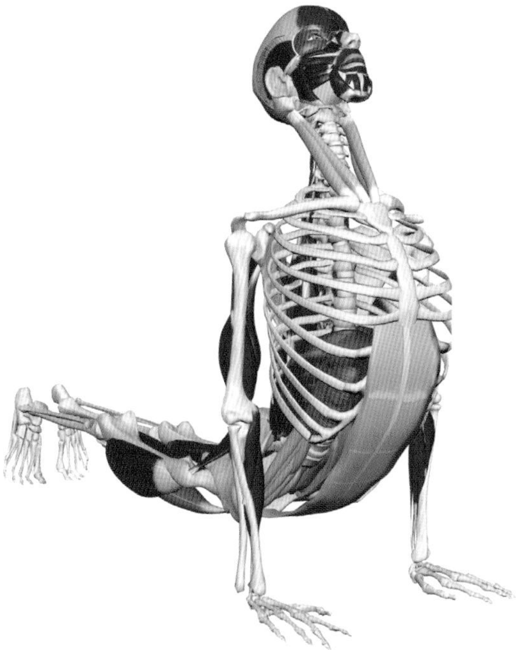

관련 근육

복근, 어깨 근육, 삼두근, 광배근, 흉근, 견갑골 안정근, 척추 신근, 고관절 굴근

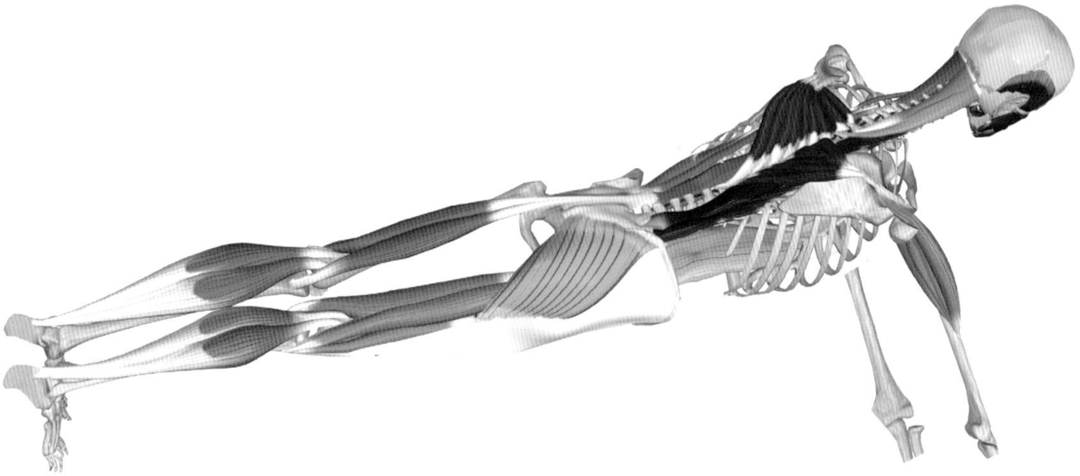

시작 자세에서 복근과 고관절 굴근이 등척성으로 수축하여 몸의 정렬을 유지한다.

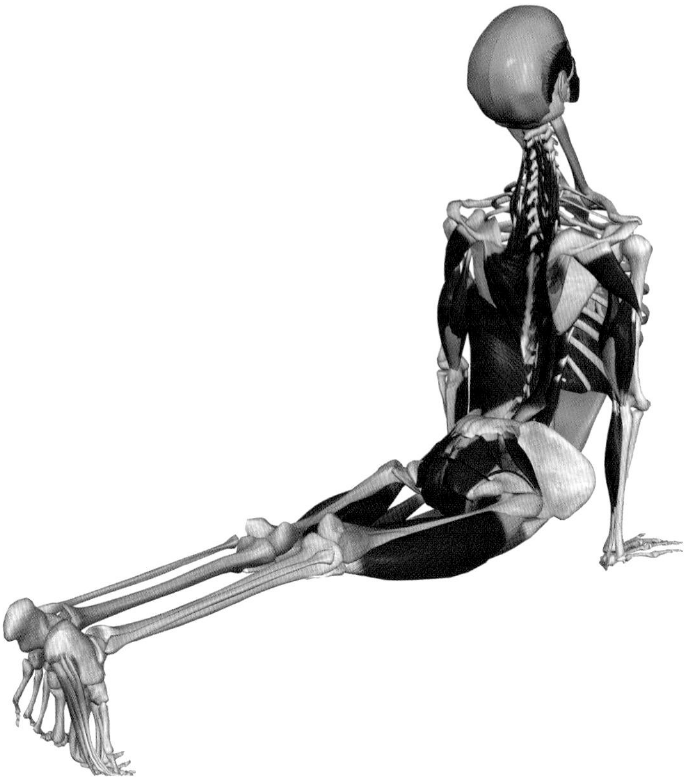

복근과 고관절 굴근이 신장성 수축(eccentric contraction)을 하여 몸을 신전된 자세로 내린다. 일단 자세를 취하였으면, 전방 근육을 이완시키면서 척추 신근을 수축시켜 최대의 신전을 이루도록 한다.

3 CHAPTER

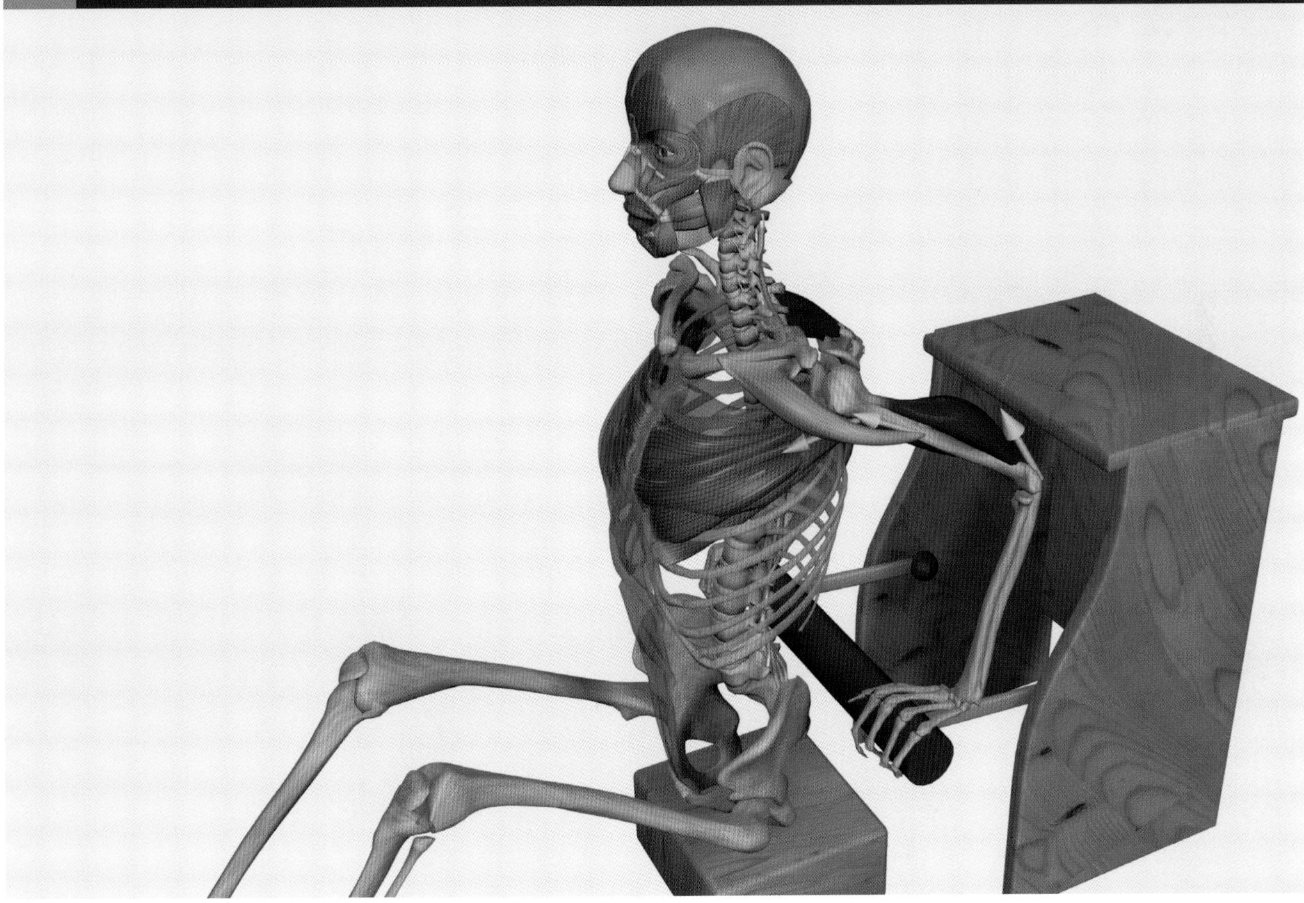

팔, 가슴과 어깨

Arms, Chest and Shoulders

82. 견갑골 가동화

Scapula Mobilization

● **레벨** : 초급 ● **스프링 장력** : 중

● **관련 근육** : 능형근, 중승모근, 흉근, 전거근

A. 시작 자세

● 체어 위에서 엎드려 누운 자세를 취하되, 배꼽이 앞쪽 가장자리 가까이 놓이도록 한다.

● 양손을 어깨너비로 벌려 페달에 올려놓고 양팔을 편다.

● 골반을 중립 자세로 둔다.

B. 운동

● 양팔을 편 상태를 유지한다.

● 페달을 올리면서 견갑골을 후인시킨다.

● 페달을 밀어 내리면서 견갑골이 척추에서 멀어지도록 한다(전인시킨다).

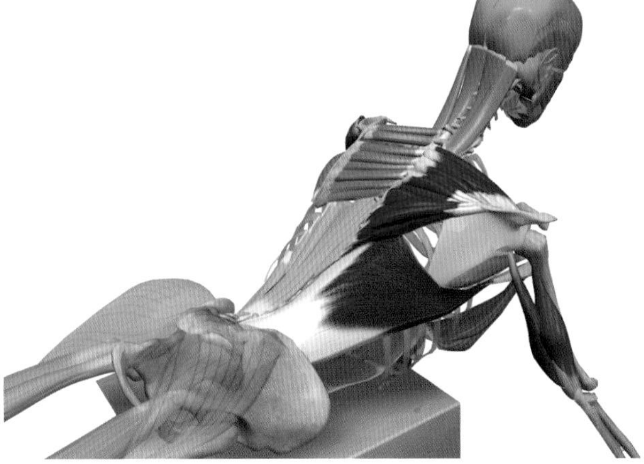

능형근과 중승모근을 능동적으로 수축시키지 않으면서 페달이 견갑골을 척추 쪽으로 가동화할 수 있게 한다. 이러한 과정에서 소흉근이 신장될 것이다. 견갑골 전인(protraction)은 특히 전거근(그림에서는 안 보임)에 의해 제어된다.

83. 앉아 삼두근 운동 Sitting Triceps

- **레벨** : 초급 • **스프링 장력** : 약 또는 중
- **관련 근육** : 삼두근, 능형근, 중승모근, 소흉근, 전거근, 어깨 전방 근육

A. 시작 자세

- 체어를 등지고 박스 위에 앉아 양팔을 뒤로 벌려 양손을 페달에 올려놓는다.
- 견갑골이 상승되지 않도록 한다.

B. 운동

- 페달을 밀어 내리되, 견갑골의 자세를 유지한다.
- 팔꿈치를 시작 자세로 되돌린다.

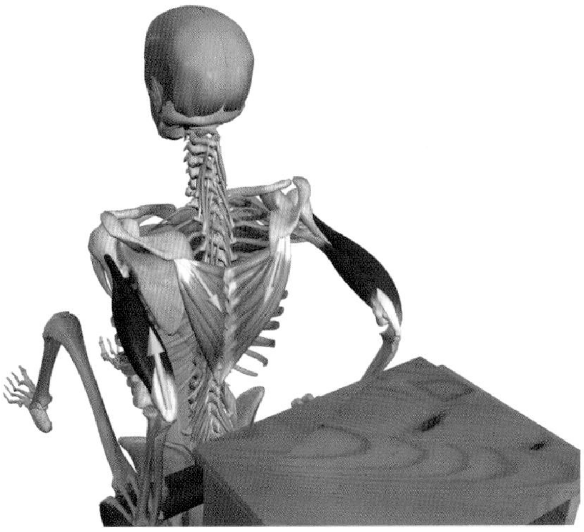

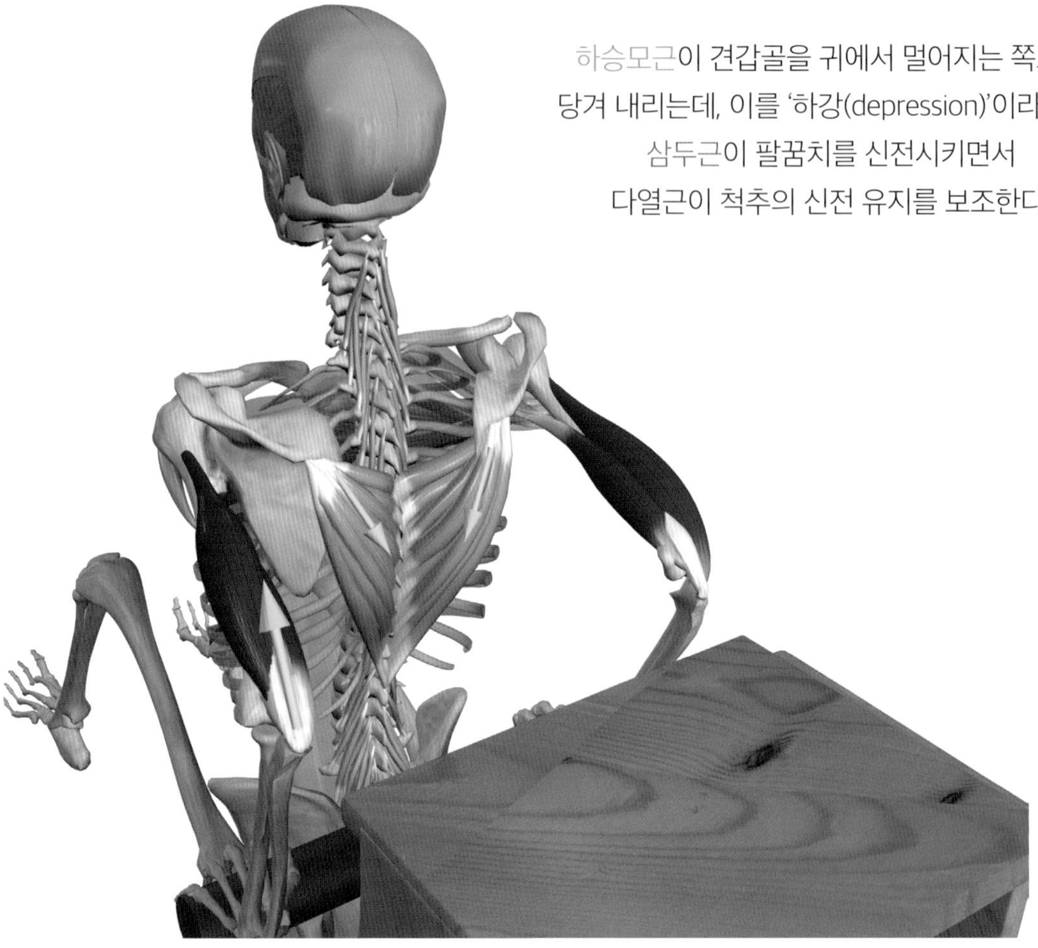

하승모근이 견갑골을 귀에서 멀어지는 쪽으로
당겨 내리는데, 이를 '하강(depression)'이라 한다.
삼두근이 팔꿈치를 신전시키면서
다열근이 척추의 신전 유지를 보조한다.

84. 엎드려 누워 삼두근 운동 Triceps prone

● **레벨** : 초급 ● **스프링 장력** : 약 또는 중
● **관련 근육** : 삼두근, 능형근, 중승모근, 흉근, 전거근, 고관절 신근, 척추기립근

A. 시작 자세
● 체어 위에 엎드려 누워 양손을 페달에 올려 페달을 밀어 내리고 손을 어깨와 정렬한다.
● 다리를 펴서 모은다.
● 골반과 견갑골을 중립 자세로 둔다.

B. 운동
● 페달을 올리면서 팔꿈치를 90도로 구부린다.
● 견갑골의 자세를 유지한다.
● 페달을 밀어 내려(시작 자세) 1회 반복을 완료한다.

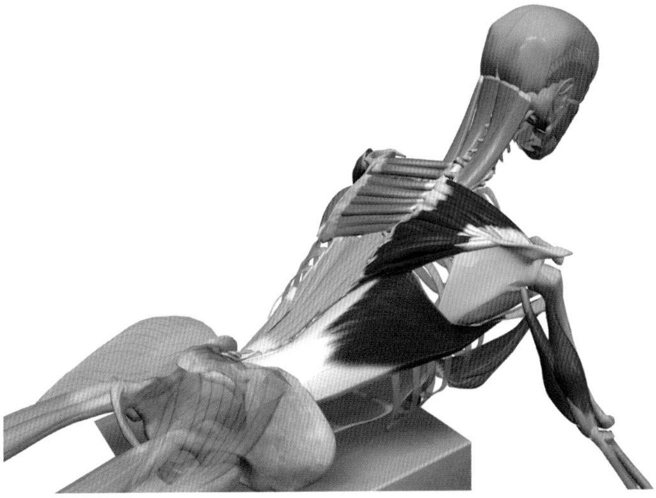

85. 개구리

Frog

● **레벨** : 중급 ● **스프링 장력** : 중

● **관련 근육** : 삼두근, 흉근, 전거근, 광배근, 어깨 전방 근육

A. 시작 자세

● 체어를 등지고 양발의 볼을 페달에 올려놓은 다음 개구리 자세로 앉고 양팔을 뒤로 벌려 양손으로 체어 앞쪽을 잡는다.

● 발뒤꿈치를 모으고 둔부를 발에서 멀어지게 한다.

● 골반을 중립 자세로 둔다.

B. 운동

● 양팔을 펴면서 페달을 올린다.

● 팔꿈치를 구부리면서 페달을 내려 1회 반복을 완료한다.

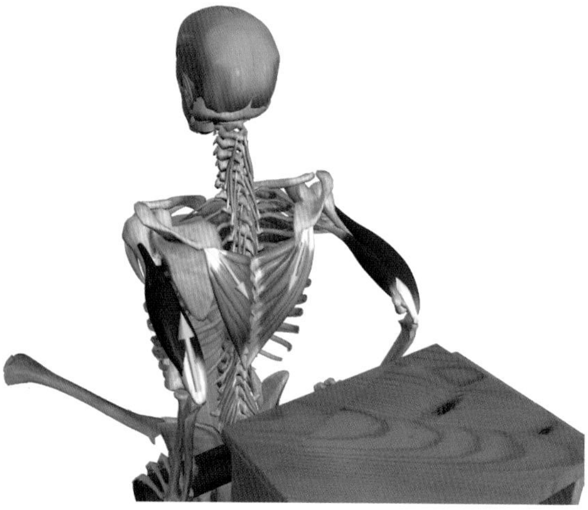

관련 근육

하승모근, 삼두근, 흉근, 전거근, 광배근, 어깨 전방 근육

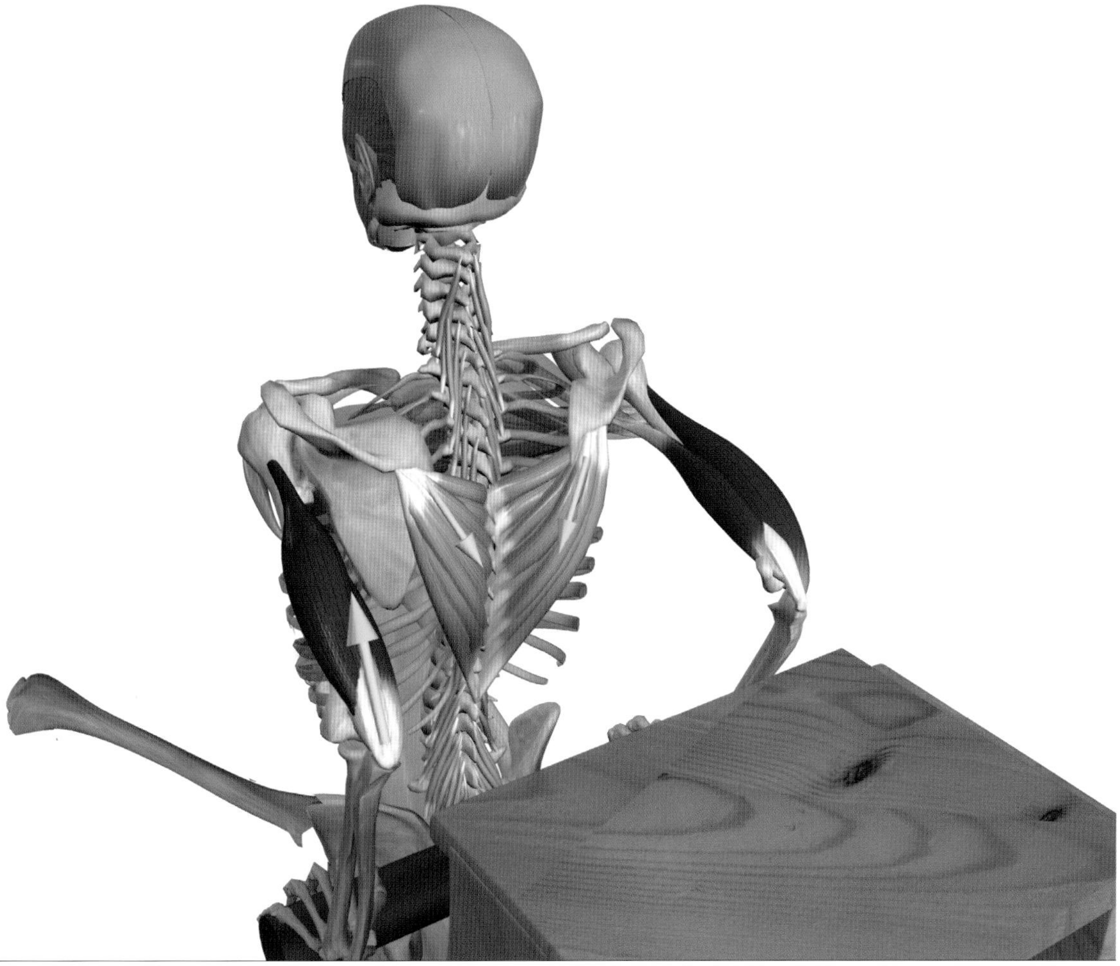

몸통이 상승하면서 하승모근이 작용하여 견갑골을 하강시킨다. 광배근(그림에 없음)은 팔을 몸 쪽으로 당기고 요추를 신전시킨다. 삼두근은 팔꿈치를 신전시킨다.

86. 체어를 마주보는 개구리 Frog facing chair

●**레벨** : 중급 ●**스프링 장력** : 중
●**관련 근육** : 삼두근, 흉근, 광배근, 어깨 근육

A. 시작 자세
●체어를 마주보고 양발의 볼을 페달에 올려놓은 다음 개구리 자세로 앉고 양손을 체어에 얹어 양팔을 편다.
●발뒤꿈치를 모으고 둔부를 발에서 떨어뜨린다.
●골반을 중립 자세로 둔다.

B. 운동
●몸통을 앞쪽으로 기울이고 팔꿈치를 구부린다.

C.
●손을 체어로 밀어 내려 몸통을 상승시킨다.
●양팔을 펴면서 페달을 올린다.
●다리를 약간 신전시켜 움직임을 돕는다.

D.
●팔꿈치를 구부리면서 페달을 내려 1회 반복을 완료한다.

87. 체어를 마주보는 개구리와 발 박동 Frog facing chair with pulses

● **레벨** : 중급 ● **스프링 장력** : 중

● **관련 근육** : 삼두근, 흉근, 광배근, 어깨 근육

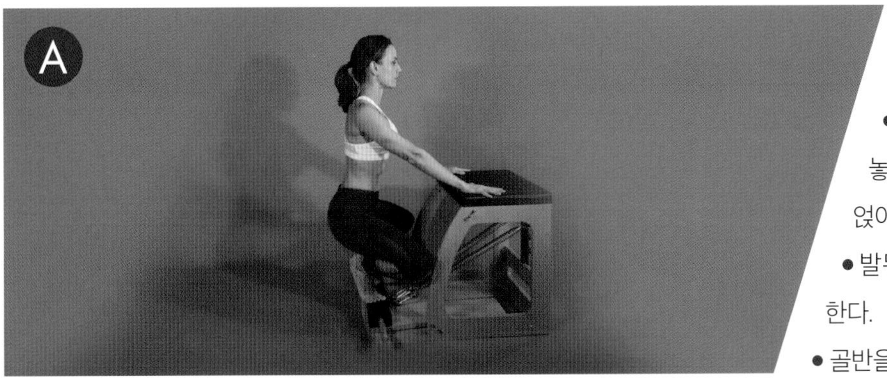

A. 시작 자세

- 체어를 마주하고 양발의 볼을 페달에 올려 놓은 다음 개구리 자세로 앉고 양손을 체어에 얹어 양팔을 편다.
- 발뒤꿈치를 모으고 둔부를 발에서 멀어지게 한다.
- 골반을 중립 자세로 둔다.

B. 운동

- 몸통을 앞쪽으로 기울이고 팔꿈치를 구부린다.

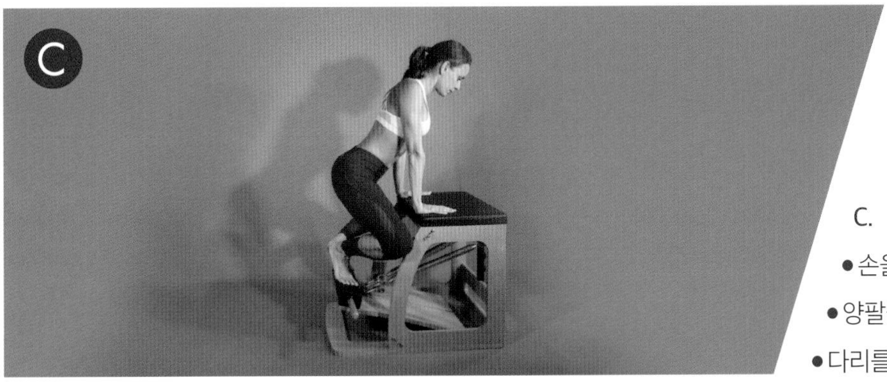

C.

- 손을 체어로 밀어 내려 몸통을 상승시킨다.
- 양팔을 펴면서 페달을 올린다.
- 다리를 약간 신전시켜 움직임을 돕는다.

D.

- 몸통을 고정시킨 채 양발을 위아래로 10번 박동시킨다.

88. 한 팔 삼두근 운동 Triceps single arm

● **레벨** : 중급 ● **스프링 장력** : 약

● **관련 근육** : 삼두근, 흉근, 전거근, 광배근, 전삼각근

A. 시작 자세

● 체어 위에 엎드려 누워 한쪽 손을 페달에 올려 팔꿈치를 90도로 구부리고 다른 쪽 팔을 펴서 옆으로 들어 올린다.

● 흉추를 신전시키고 양쪽 다리를 펴서 모은다.

● 골반을 중립 자세로 둔다.

B. 운동

● 페달을 밀어 내리면서 팔을 편다.

● 흉추를 신전시킨 상태를 유지한다.

C.

● 전면 사진.

● 10회 반복을 목표로 한다.

4 CHAPTER

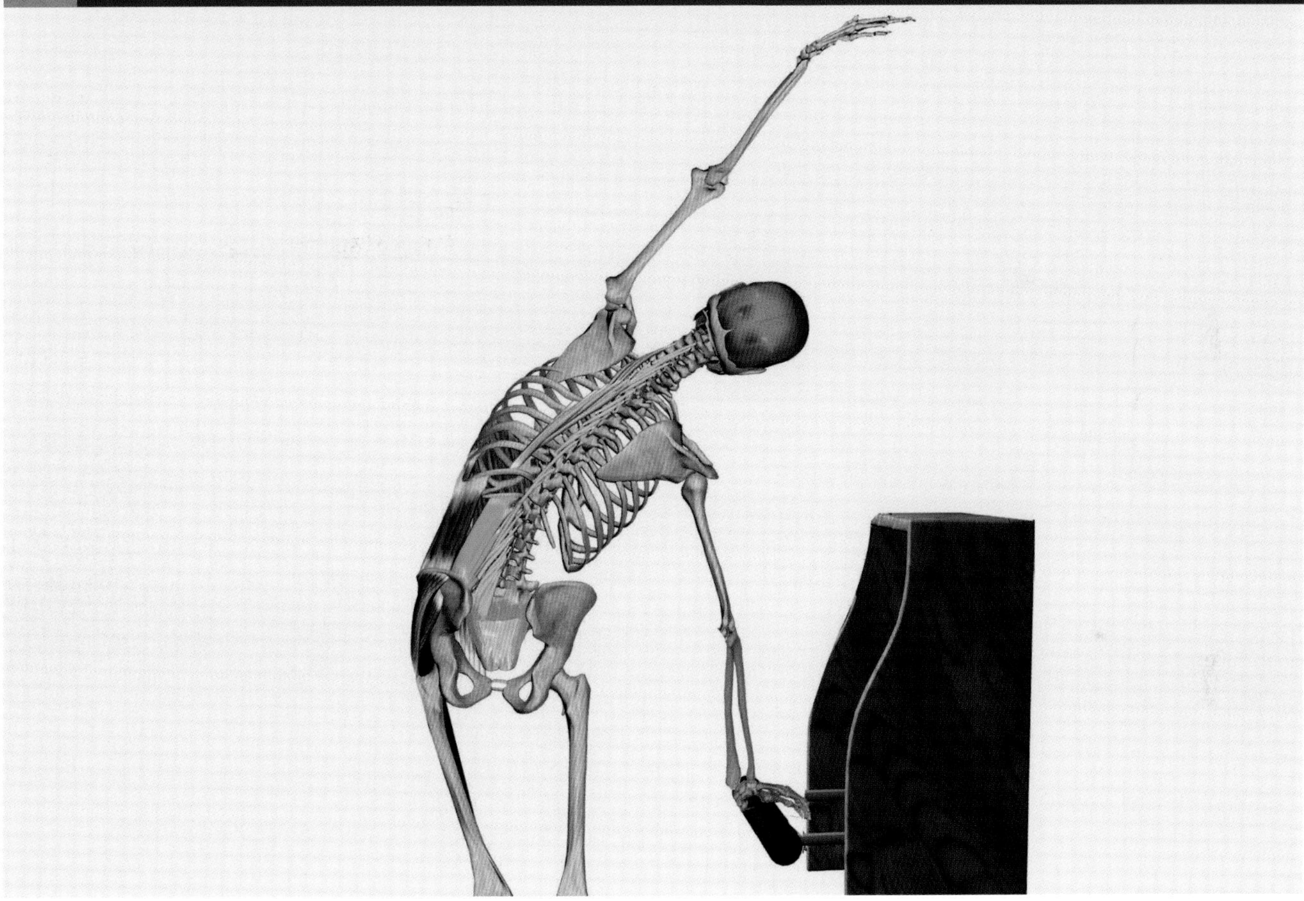

스트레칭

Stretching

스트레칭을 하는 방법은?

스트레칭 섹션은 이전 장들과 확연히 다르다. 스트레칭은 보다 수동적인 태도를 요하며, 동적이라기보다는 정적이다. 이는 의도된 결과가 다르기 때문인데, 스트레칭의 목표는 근력이 아니라 근육 길이이다. 이 두 가지 특성은 어느 정도 결합할 수 있으나, 수동적 스트레칭이 더 안전하다. 또한 연구에 따르면 수동적 스트레칭이 보다 효과적이라고 한다. 수동적 스트레칭은 조직에 외상을 덜 일으키고 최대의 적응을 가져온다.

스트레칭을 최대 1분 동안 유지한다. 평균적으로 이는 15~20회의 심호흡에 해당한다. 이렇게 하기 위해서는 이완되고 수동적인 마음가짐이 필요하다. 우리는 이를 '온화한 절제(gentle discipline)' 태도라고 부른다. 근육이 타오르는 작열감을 느끼는 것은 효과적인 스트레칭에 반한다. 그렇게 하면 우려와 불안을 일으키고 이는 다시 근육 긴장을 증가시키는데, 이는 목표와 정반대되는 결과이다. 이완시키며 각 스트레칭의 감각을 탐색하고 정적 상태를 즐기는 시간을 가진다.

스트레칭을 소위 '긴장점(point of tension)'까지 가져간다.

1에서 10까지의 척도에서 10을 감내하기 힘든 고통이라고 할 경우에 스트레칭은 5 또는 6 정도를 나타내야 한다. 이는 어느 정도 연습을 요할 수도 있으므로 주의와 의식을 기울여 시작한다. 자기 신체의 스트레칭을 알게 되면서는 자신의 최적 긴장점을 발견하기가 더 쉬워질 것이다. 일단 각각의 스트레칭에 익숙해지는 것을 느끼게 되면서, 자세에 경미한 변화를 주면 효과적인 스트레칭이 의도하는 특정 긴장 부위들의 위치를 찾는 데 도움이 될 수도 있다. 자세를 유지할 때 스트레칭 되는 근육의 자발적 이완을 경험할지도 모른다. 이러한 현상이 일어나는 것을 느끼면, 숨을 들이쉬고 내쉰 후, 보다 깊은 자세로 다시 스트레칭 한다.

스트레칭 중 호흡

《하타 요가의 해부학(Anatomy of Hatha Yoga)》(2002년)에서 콜터(H. David Coulter)는 4가지 서로 다른 종류의 호흡 - 역행(paradoxical), 흉식(thoracic), 복식(abdominal) 및 횡격막(diaphragmatic) 호흡 - 그리고 이들 각각과 스트레칭의 수행, 즉 하타 요가 간의 관계를 설명하고 있다. 이러한 주제를 자세히 살펴보는 것은 이 책의 범위를 벗어나나, 자세가 호흡에 영향을 미치고 호흡이 자세에 영향을 미치는 방식은 흥미로우면서도 복잡하다. 운동을 하다 보면 호흡이 제한되는 것을 느끼는 자세와 보다 충분히 호흡할 수 있는 자세가 있을 것이다. 이는 정상이므로 염려하지 않아도 된다. 호흡은 신체의 자세, 신체의 어느 부위가 고정되거나 더 이완되는지, 그리고 이것이 횡격막에 미치는 영향에 달려 있다.

레슬리 카미노프(Leslie Kaminoff)는 자신의 저서 《요가 아나토미(Yoga Anatomy)》에서 호흡을 '신체 강들의 형태 변화(shape change in the body's cavities)'라고 기술함으로써 이런 과정에 관해 상세히 설명하고 있다. 이와 같은 뛰어나고 간결한 설명은 당신이 스트레칭 하는 동안 관찰할 수 있다. 호흡에 의해 가장 영향을 받는 2개 강 부위는 흉곽과 복부로, 이들은 형태를 변화시키는 능력에 따라 그러한 형태 변화를 일으키게 된다. 횡격막은 다차원적 작용을 보이기 때문에, 움직임의 유형과 그에 따른 형태 변화는 그 부착부의 어느 부위가 안정적이고 어느 부위가 가동적인지에 달려 있다. 횡격막은 배를 부풀리거나, 흉곽을 들어 올리거나, 또는 이 2가지를 함께 일으킬 수 있다. 예를 들어 바로 누워 하는 스트레칭에서는 흉벽이 실린더와 같이 작용하면서 횡격막 돔의 상단이 피스톤처럼 곧장 아래로 당겨진다. 복벽은 횡격막이 내려가면서 전방으로 내밀리고 날숨 중에는 횡격막이 이완되고 올라가면서 후방으로 움직인다.

측면 굴곡은 또 다른 경험을 제공하는데, 흉곽이 어느 정도 확장하면서 배가 반쯤 부푼 상태가 된다. 그 작용은 이렇다. 복부 및 흉곽의 하부(몸을 구부리는 측면)가 압축되기 때문에 횡격막 돔의 하방 움직임이 방해를 받는다. 복강장기는 액체(유동체)이고 압축될 수 없기 때문에 복강장기는 받침점으로 작용하며, 횡경막이 흉곽의 늑골 부착부위를 바깥쪽으로 한쪽면만 받침점으로 작용하게 하여, 스트레칭 하는 쪽의 늑골 바닥면(기저면)을 전방, 후방, 측방으로 확장한다.

당신이 배가 부풀어지는 것, 흉곽이 확장되는 것, 혹은 이런 것을 둘다 느낀다면, 모든 스트레칭 운동에서 가능한 한 깊이 호흡하도록 한다. 또한 스트레칭뿐만 아니라 자신의 호흡에도 집중하도록 하는데, 그러면 내적 집중(inner focus), 즉 몸에 내재하는 것을 촉진함으로써 스트레칭의 경험이 강화될 것이다.

초기에는, 특히 스트레칭이 생소한 경우에는 고르고 부드러우며 완만하고 조용한 심호흡에 초점을 두어야 한다. 이런 식의 호흡은 이완을 시켜 주며, 이완은 정신생리학적 경험이다. 당신이 보다 이완될수록 스트레칭에 대한 근육의 저항이 더 줄어들 것이다. 심호흡은 심오한 힐링 효과도 있다. 허브 벤슨(Herb Bensons)이 저술한《이완 반응(the Relaxation Response)》은 이러한 주제를 다룬 획기적인 책으로, 호흡과 이완에 대한 긍정적인 생물학적 반응을 자세히 설명하고 있다.

얕고 제한된 호흡이 되지 않도록 한다. 얕은 호흡에서는 상흉부가 관여하며, 복부의 정상적인 오르내림이 일어나지 않고 흉골 하부와 하부 늑골의 움직임이 없다. 얕은 호흡에서 숨을 들이쉰다는 유일한 징후는 쇄골의 오르내림이다. 콜터에 따르면 '습관적인 상흉부 호흡은 육체적, 정신적 문제를 반영할 뿐만 아니라 그러한 문제를 초래한다'고 한다. 정말 반복적인 얕은 호흡은 '투쟁-도피 반응(fight or flight response)'을 자극해 심박수와 혈압을 올리고 근육 긴장을 유발하며, 어쩌면 당신에게 꽤 불안한 기분이 들게 할 것이다. 아울러 제한된 호흡은 비효과적인데, 공기 흡입을 대부분 혈액 공급이 가장 빈약한 부위인 폐의 상부로 전달하기 때문이다. 끝으로 제한된 호흡은 이완되어 있어야 할 머리 및 목 주위 근육인 호흡 보조 근육의 과다 작용을 일으킨다. 따라서 호흡하고 이완하기를 지속하는 것이 중요하다.

89. 스탠딩 카프 Standing Calf

- **레벨** : 초급
- **관련 근육** : 후경골근, 장지굴근, 장무지굴근, 비복근, 가자미근, 햄스트링

A. 시작 자세

- 체어의 뒤쪽에 서서 양손으로 체어의 양측을 잡는다.
- 한쪽 발을 체어 아래쪽에 올려놓고(사진에서처럼) 무릎을 편다.
- 골반을 중립 자세로 둔다.

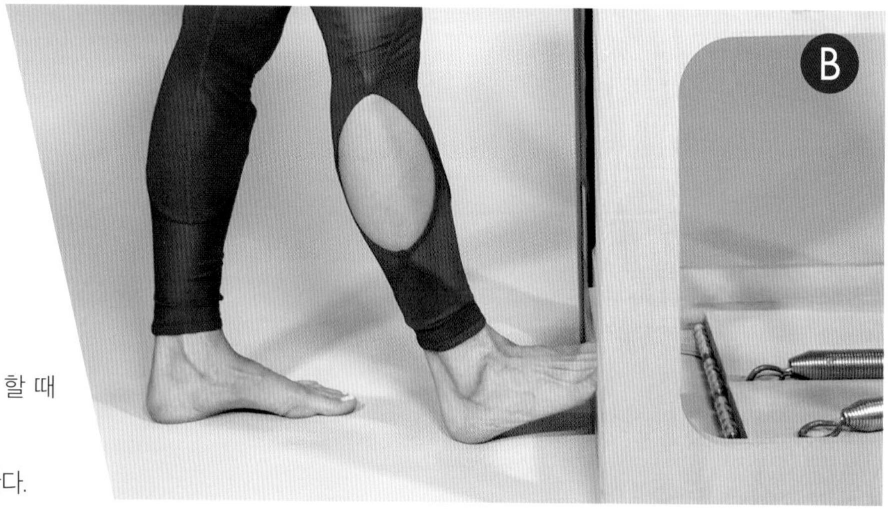

B. 운동

- 고관절 굴곡을 심화시켜 10점 척도라고 할 때 5~6 정도의 긴장점을 찾는다.
- 스트레칭을 유지하면서 심호흡을 15번 한다.

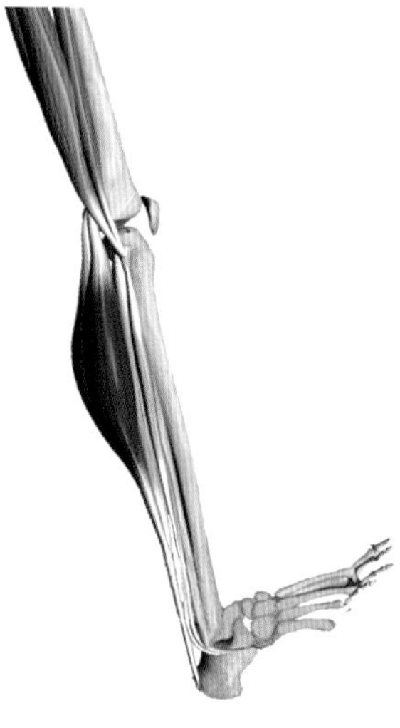

90. 고관절 굴곡 스탠딩 카프 Standing Calf with hip flexion

- **레벨** : 중급
- **관련 근육** : 후경골근, 장지굴근, 장무지굴근, 비복근, 가자미근, 햄스트링

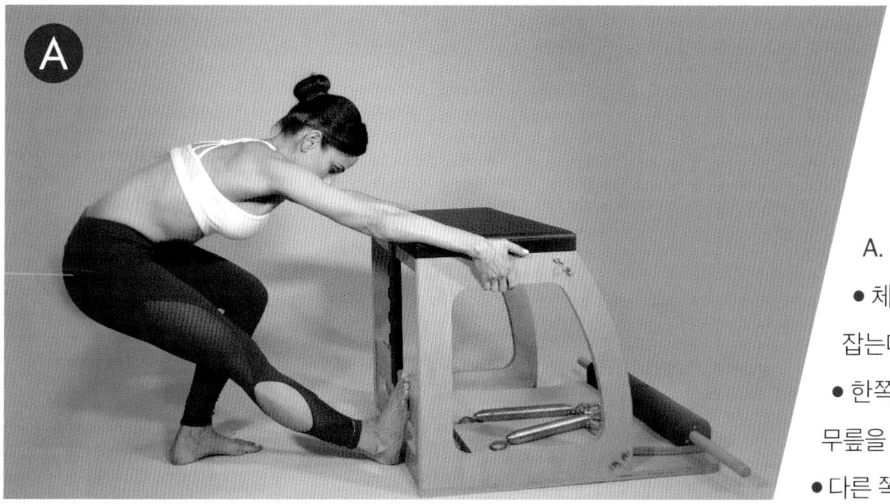

A. 시작 자세

- 체어의 뒤쪽에 서서 양손으로 체어의 양측을 잡는다.
- 한쪽 발을 체어 아래쪽에 대고(사진에서처럼) 무릎을 편다.
- 다른 쪽 무릎을 구부린다.

- 골반이 후방으로 경사되지 않도록 한다.

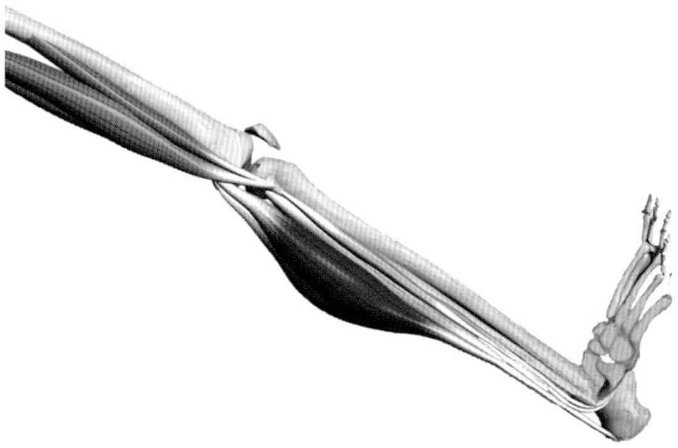

91. 햄스트링 탐색

Hamstrings Exploration

● **레벨** : 중급 ● **스프링 장력** : 약

● **관련 근육** : 비복근, 척추기립근, 대내전근, 대둔근, 햄스트링

A. 시작 자세

● 체어 앞쪽에 서서 양손을 페달에 올려놓고 양팔과 양쪽 무릎을 편다.

● 척추를 중립 자세로 둔다.

B. 운동

● 페달을 밀어 내리면서 고관절 굴곡을 심화시켜 10점 척도에서 5~6 정도의 긴장점을 찾는다.

● 스트레칭을 유지하면서 심호흡을 15번 한다.

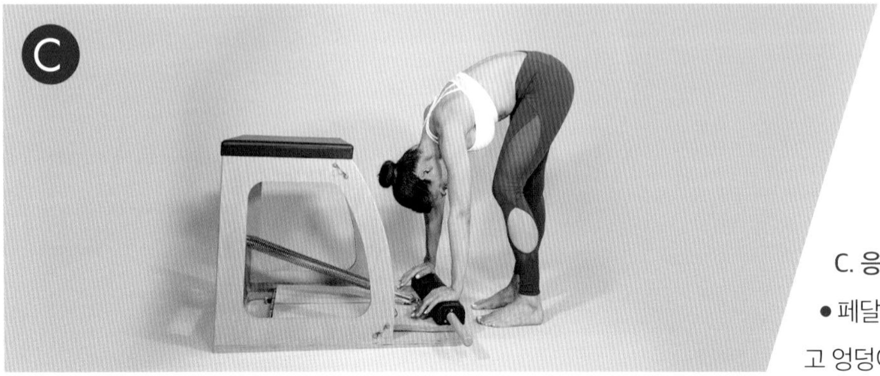

C. 응용운동

● 페달을 밀어 내린 상태에서 한쪽 무릎을 구부리고 엉덩이를 반대쪽으로 가져간다.

D.

● 측면을 교대한다.

관련 근육

비복근, 척추기립근, 대내전근, 대둔근, 햄스트링

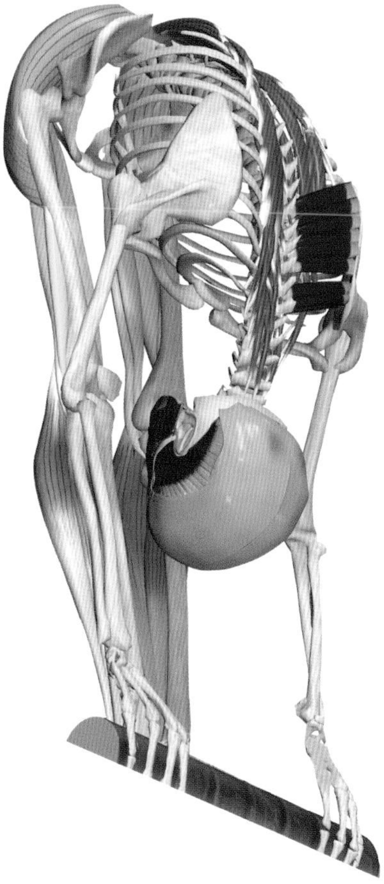

다리의 후방 근육 사슬 전체가 스트레칭 되며, 아울러 척추 후방 근육도 스트레칭 된다.

92. 초보자 햄스트링 운동 Hamstrings beginner

- **레벨** : 중급
- **관련 근육** : 비복근, 가자미근, 척추기립근, 대내전근, 대둔근, 햄스트링

A. 시작 자세

- 체어 앞에 서서 양손을 체어에 올려놓고 양팔과 양 무릎을 편다.
- 척추를 굴곡시킨다.

B. 운동

- 척추를 중립 자세로 바꾼다.

C.

- 양 팔꿈치를 패드에 대어 스트레칭을 심화시키되, 척추의 중립 자세를 유지한다.

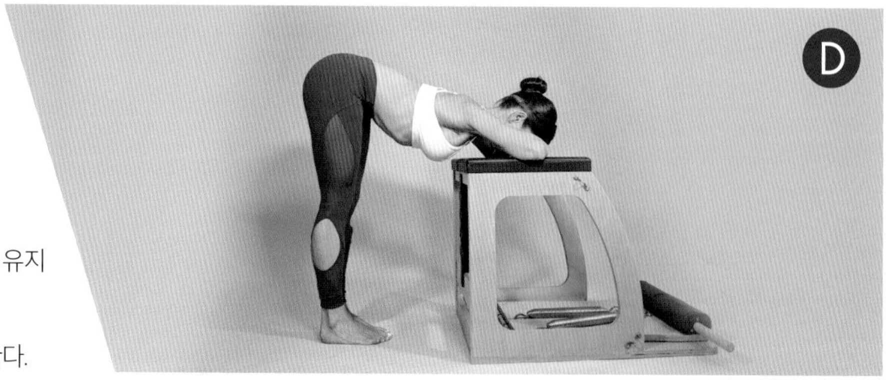

D.

- 이마를 패드에 대되, 척추의 중립 자세를 유지한다.
- 스트레칭을 유지하면서 심호흡을 15번 한다.

93. 햄스트링 프레스 Hamstrings Press

● **레벨** : 중급 ● **스프링 장력** : 약

● **관련 근육** : 비복근, 척추기립근, 대내전근, 광배근, 대둔근, 햄스트링

A. 시작 자세

● 체어 뒤쪽에 서서 양손을 페달에 올려놓고 양팔과 양 무릎을 편다.

● 척추를 약간 굴곡시킨다.

B. 운동

● 페달을 밀어 내리면서 몸을 체어 쪽으로 기울인다.

C.

● 고관절 굴곡을 심화시키고 척추를 편다.

● 스트레칭을 유지하면서 심호흡을 15번 한다.

관련 근육

비복근, **척추기립근, 대내전근,** 광배근, **대둔근, 햄스트링**

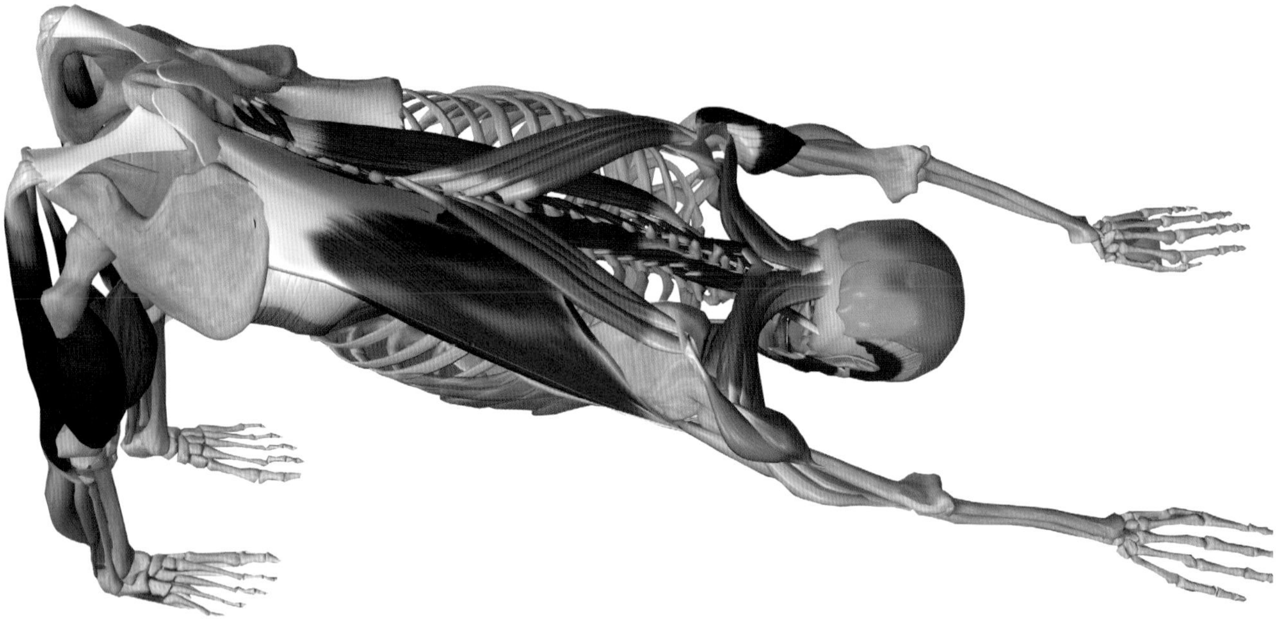

양팔이 머리 위로 올려지면서 광배근이 스트레칭 된다. 이는 흔히 겨드랑이 아래에서 느껴진다.
또한 삼두근의 장두도 스트레칭 되며, 이도 동일한 부위에서 느껴진다.

94. 회전 스플릿 Split with rotation

● **레벨** : 상급　● **스프링 장력** : 약

● **관련 근육** : 복사근, 비복근, 대내전근, 대둔근, 고관절 굴근, 햄스트링

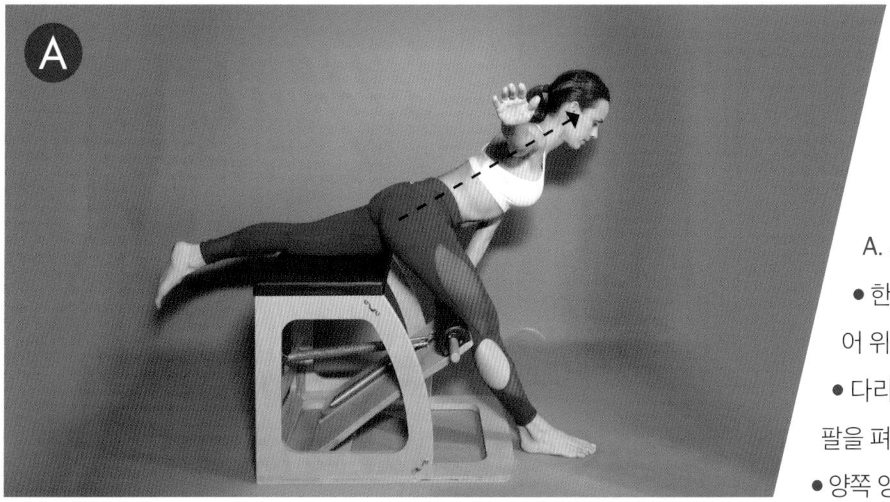

A. 시작 자세

● 한쪽 다리를 체어 앞쪽에, 다른 쪽 다리를 체어 위에 나란히 두어 스플릿 자세를 취한다.

● 다리를 올린 쪽 손을 페달에 올려놓고 반대쪽 팔을 펴서 옆으로 들어 올린다.

● 양쪽 엉덩이를 수평으로, 척추를 중립 자세로 둔다.

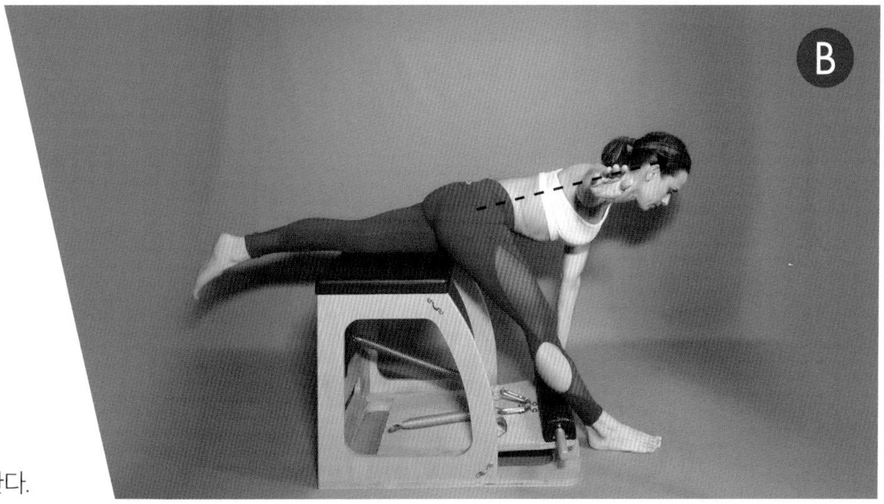

B. 운동

● 페달을 밀어 내리되, 척추의 자세를 유지한다.

C.

● 척추를 내린 다리 쪽으로 회전시킨다.

● 하체는 고정시킨다.

관련 근육

복사근, 비복근, 대내전근, 대둔근, 심부 고관절 회전근, 햄스트링

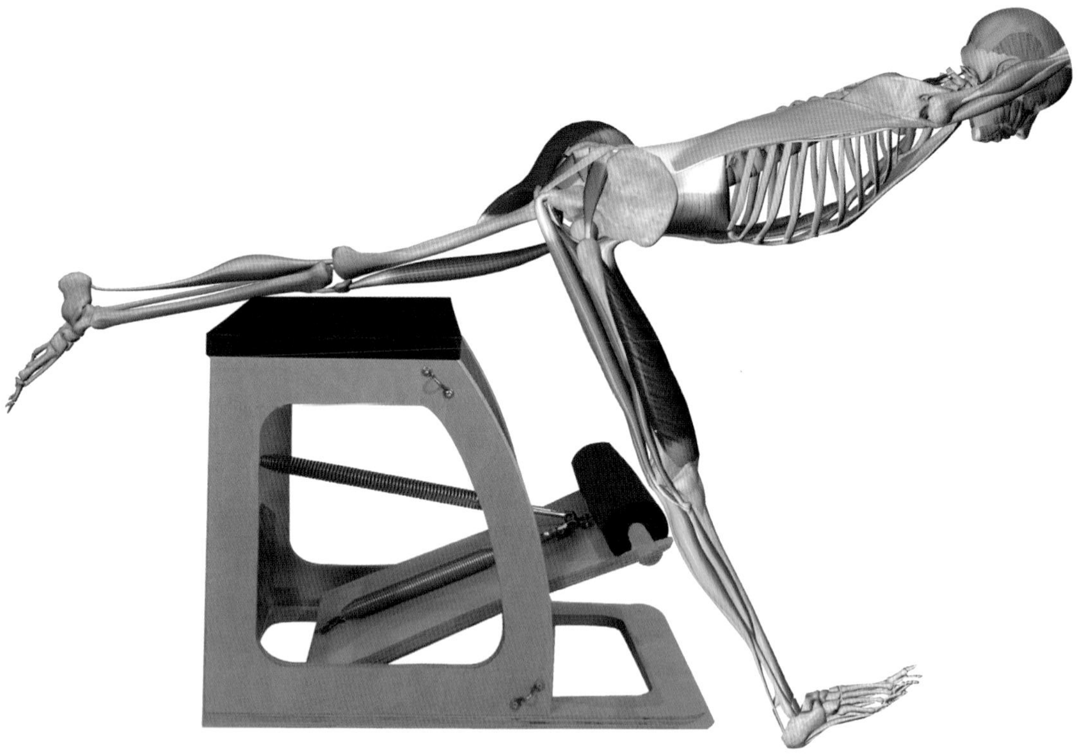

이 운동은 복합 스트레칭으로, 스트레칭이 뒤쪽 다리의 고관절 굴근과 앞쪽 다리의 고관절 신근에서 느껴질 수 있다. 몸통이 회전되면서는 스트레칭의 부위가 이상근과 같은 심부 고관절 회전근으로 옮겨질 수 있다.

95. 고질라 Godzila

- **레벨** : 중급
- **관련 근육** : 대퇴직근, 대퇴사두근, 장요근. 전경골근

A. 시작 자세

- 체어를 등지고 서서 한쪽 무릎을 구부려 페달에 올려놓고 페달을 밀어 내린다.
- 다른 쪽 다리는 90도로 구부려 몸을 지지한다.
- 양손으로 체어 앞쪽을 잡아 몸을 지지한다.
- 골반을 중립 자세로 둔다.

B. 운동

- 골반을 후방으로 경사시킨다.
- 엉덩이를 뒤로 체어 쪽으로 가져간다.

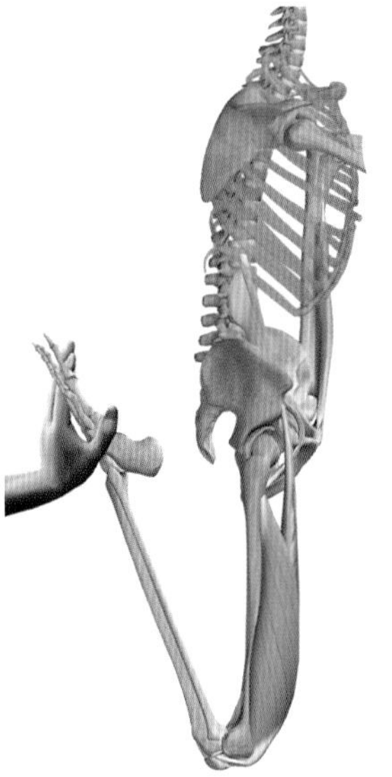

골반이 후방으로 경사되면서 골반에 있는 대퇴직근의 기시부(origin)는 경골에 있는 그 정지부(insertion, 종지부라고도 함)에서 더 멀어진다. 또한 척추에 있는 요근의 기시부도 대퇴골에 있는 그 정지부에서 더 멀어진다. 따라서 이 스트레칭에는 고관절 굴근과 대퇴사두근이 모두 포함된다.

96. 내전근 운동

Adductors

- **레벨** : 중급
- **관련 근육** : 햄스트링, 내전근

A. 시작 자세

- 체어에 옆으로 서서 한쪽 발을 체어에 올려놓고 다리를 편다.
- 양쪽 고관절을 외회전시킨다.
- 골반을 중립 자세로 둔다.

B. 운동

- 지지하는 다리의 무릎을 구부리되, 무릎을 발 위로 정렬한다.

C.

- 몸통을 앞쪽으로 기울이고 지지하는 다리의 무릎을 더 구부린다.

D와 E. 응용운동

● 양 방향으로 몸통을 회전시킨다.

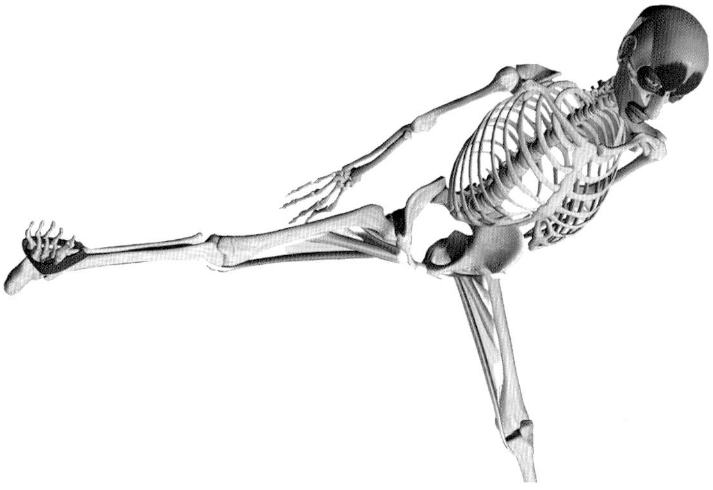

몸통이 회전되면서 스트레칭 부위는 전방 및 후방 내전근 사이를 오갈 것이다.

97. 페달 둔근 운동 Gluteals with pedal

- **레벨** : 초급 ● **스프링 장력** : 중
- **관련 근육** : 둔근

A. 시작 자세

- 체어에 앉아 양발을 페달에 올려 페달을 밀어 내리고 양손으로 체어를 잡는다.
- 사진과 같이 한쪽 다리를 다른 쪽 다리에 올려놓고 고관절을 외회전시킨다.
- 골반을 중립 자세로 둔다.

B. 운동

- 페달을 올린다.

C.

- 몸통을 앞쪽으로 기울인다.

98. 페달 프레스 둔근 운동 Gluteals pedal press

● **레벨** : 중급 ● **스프링 장력** : 약

● **관련 근육** : 둔근

A. 시작 자세

● 체어 뒤쪽에 서서 한쪽 다리를 구부려 체어에 올려놓고 고관절을 외회전시킨 채 앉아 다른 쪽 다리를 쭉 편다.

B. 운동

● 양손을 페달에 올려놓고 페달을 밀어 내린다.

C.

● 가슴을 다리 위로 가져간다.

99. 둔근/이상근 운동

Gluteals/Piriformis

- **레벨** : 중급
- **관련 근육** : 둔근

A. 시작 자세

- 체어 앞에 서서 한쪽 다리를 구부려 체어에 올려 놓고 고관절을 외회전시킨 채 앉아 다른 쪽 다리를 쭉 편다.

B. 운동

- 양쪽 엉덩이를 수평으로 둔다.
- 장골능이 수평면에서 동일한 높이가 되도록 한다.

C.

- 몸통을 발쪽으로 기울이되, 양쪽 엉덩이를 수평으로 유지한다.

관련 근육

중둔근, 대둔근, 이상근, 내폐쇄근

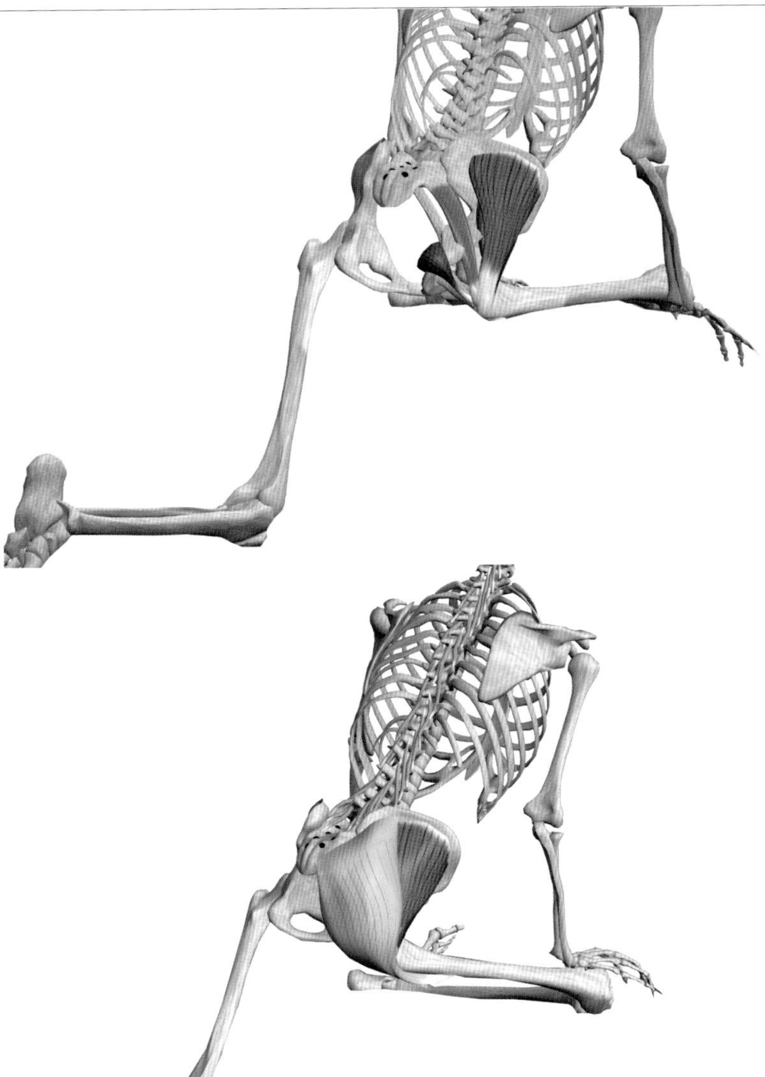

100. 앉아 둔근 운동 Gluteus seated

● **레벨** : 중급
● **관련 근육** : 둔근

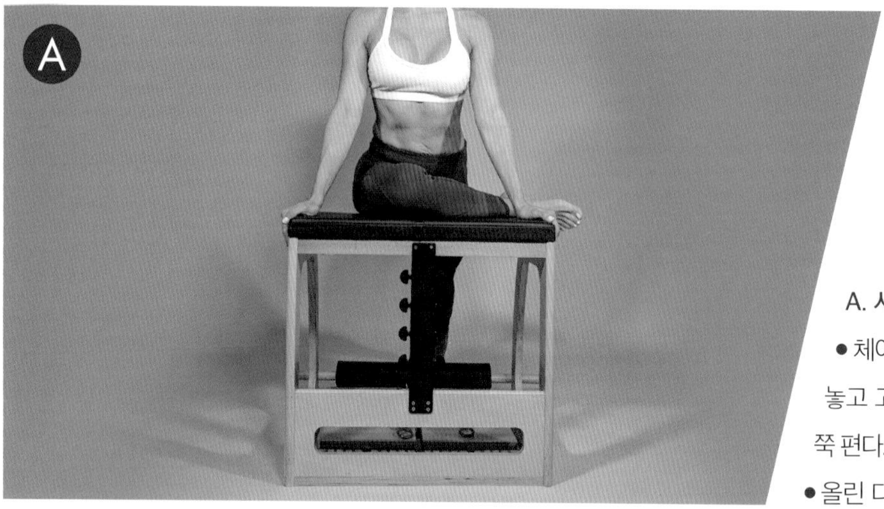

A. 시작 자세
● 체어 앞에 서서 한쪽 다리를 구부려 체어에 올려 놓고 고관절을 외회전시킨 채 앉아 다른 쪽 다리를 쭉 편다.
● 올린 다리의 무릎을 배꼽과 정렬한다.

B. 운동
● 양쪽 엉덩이를 수평으로 둔다.
● 몸통을 앞쪽으로 기울이면서 올린 다리 쪽으로 회전시킨다.

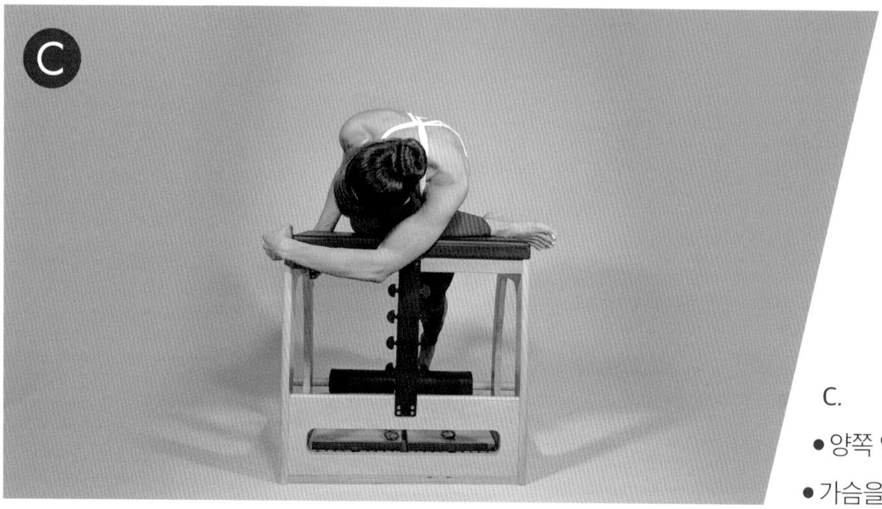

C.
● 양쪽 엉덩이를 수평으로 유지한다.
● 가슴을 다리 위로 눕힌다.

관련 근육

중둔근, 대둔근

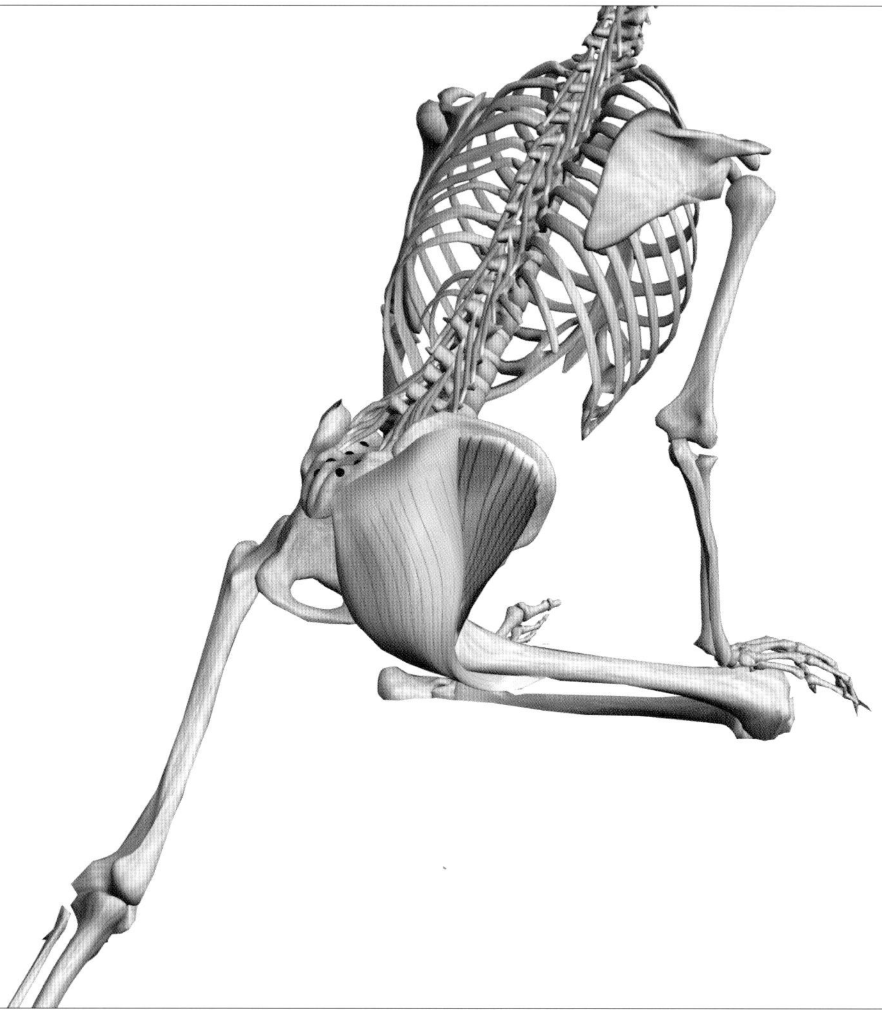

101. 누워 둔근 운동

Lying Gluteals

● **레벨** : 초급 ● **스프링 장력** : 강

● **관련 근육** : 둔근

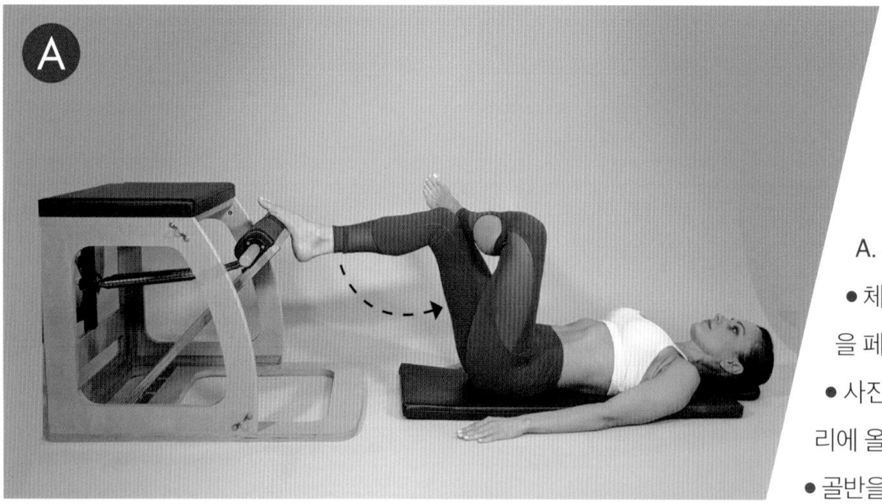

A. 시작 자세

● 체어 앞쪽에 바로 누워 한쪽 다리를 구부려 발을 페달에 올려놓는다.

● 사진과 같이 다른 쪽 다리를 구부려 반대쪽 다리에 올려놓고 양팔을 몸의 양옆 바닥에 놓는다.

● 골반을 중립 자세로 둔다.

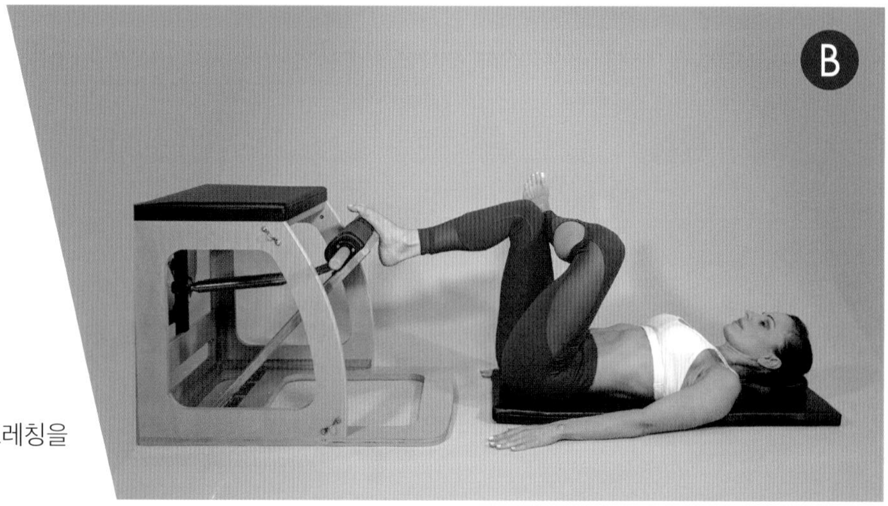

B. 운동

● 엉덩이를 체어로 더 가까이 가져가 스트레칭을 강화한다.

관련 근육

중둔근, 대둔근, 이상근, 내폐쇄근

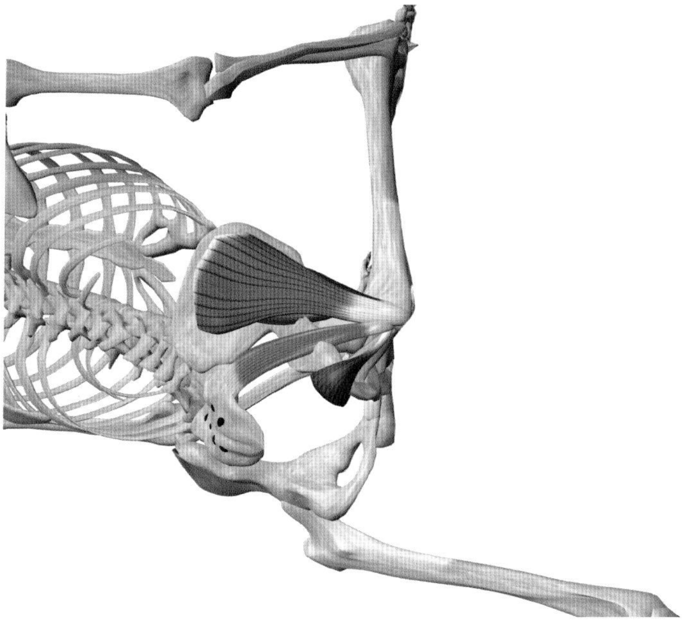

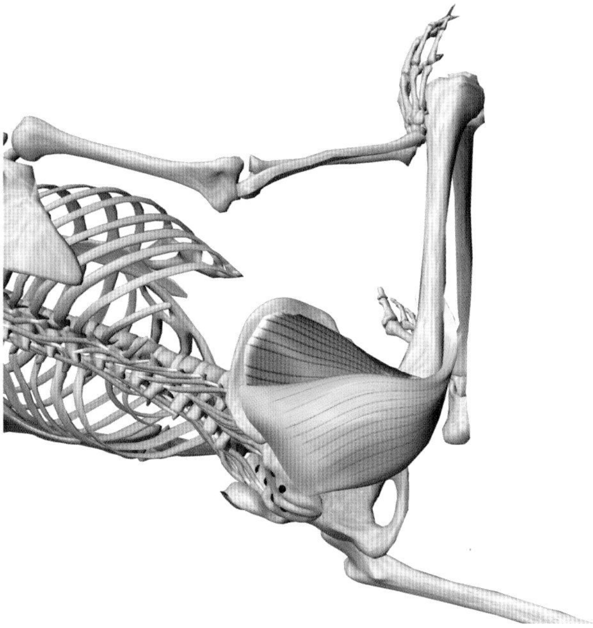

102. 둔근/내전근 운동

- **레벨** : 중급
- **관련 근육** : 둔근, 내전근

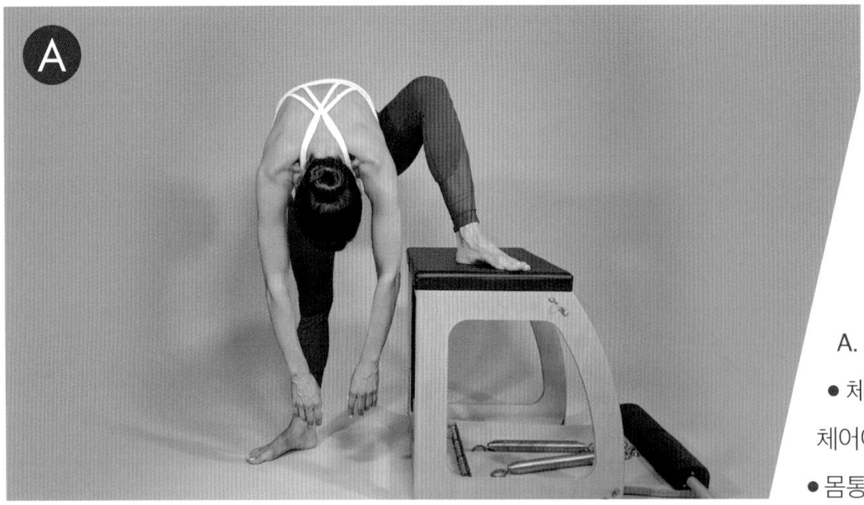

A. 시작 자세

- 체어에 옆으로 서서 안쪽 다리를 구부려 발을 체어에 올려놓고 바깥쪽 다리를 편다.
- 몸통을 굴곡시킨다.

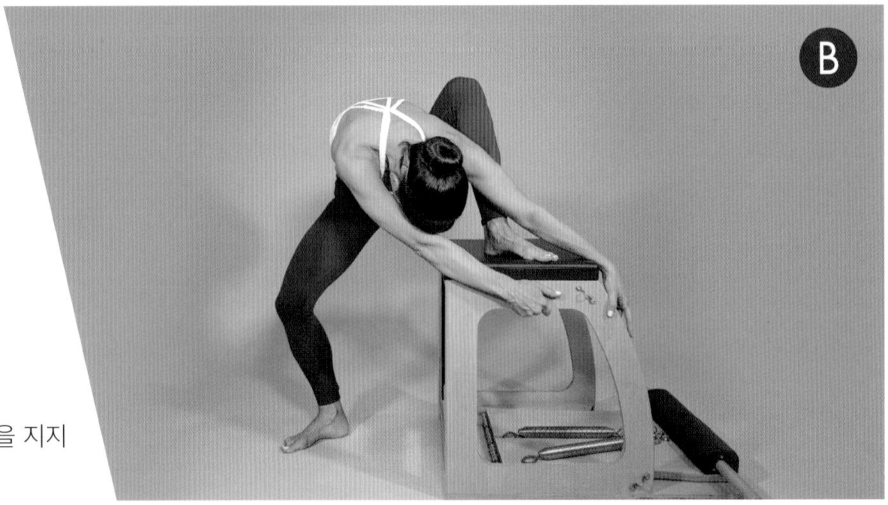

B. 운동

- 편 다리를 구부려 스트레칭을 심화시킨다.
- 양손으로 체어의 위쪽 모서리를 잡아 몸을 지지한다.

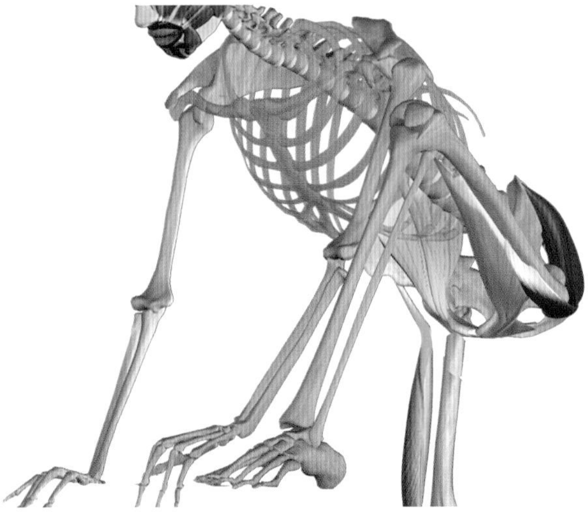

관련 근육

대둔근, 내전근

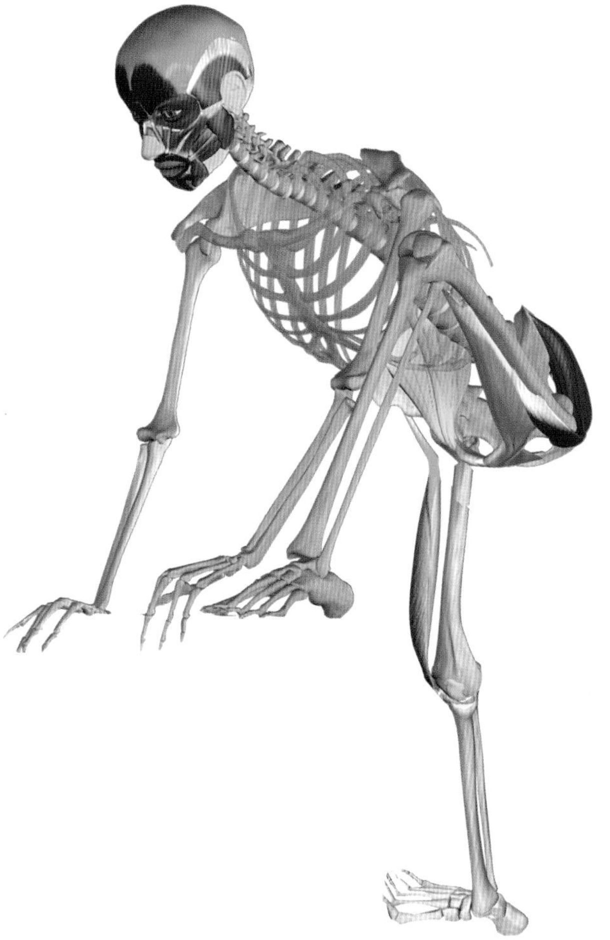

몸통이 넓적다리 사이로 내려가면서 대퇴골에 정지(종지)하는 대내전근 및 대둔근의 섬유에서 스트레칭을 느낄 것이다.

103. 척추 굴곡 Spine Flexion

● **레벨** : 초급 ● **스프링 장력** : 강

● **관련 근육** : 능형근, 중승모근, 후삼각근, 견갑거근, 두판상근

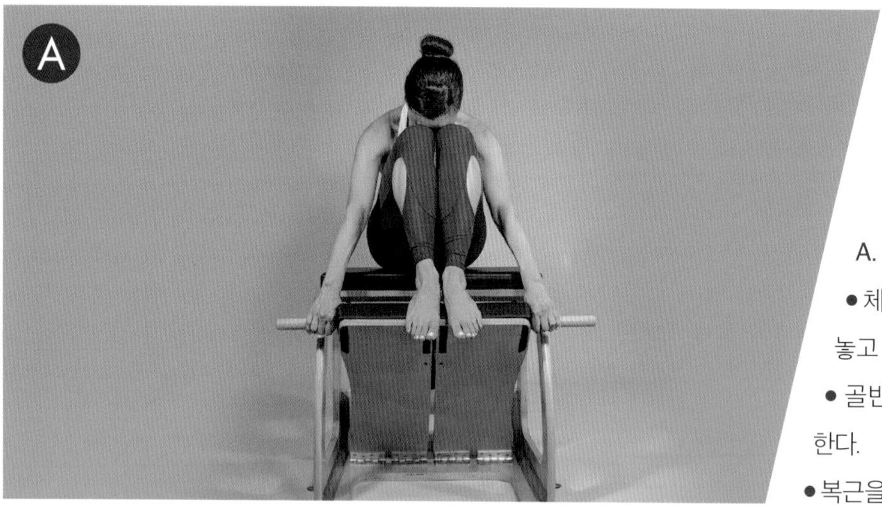

A. 시작 자세

● 체어에 앉아 다리를 모아 양발을 페달에 올려놓고 양손으로 바를 잡는다.

● 골반이 후방으로 기울고 척추가 굴곡되도록 한다.

● 복근을 활성화한다.

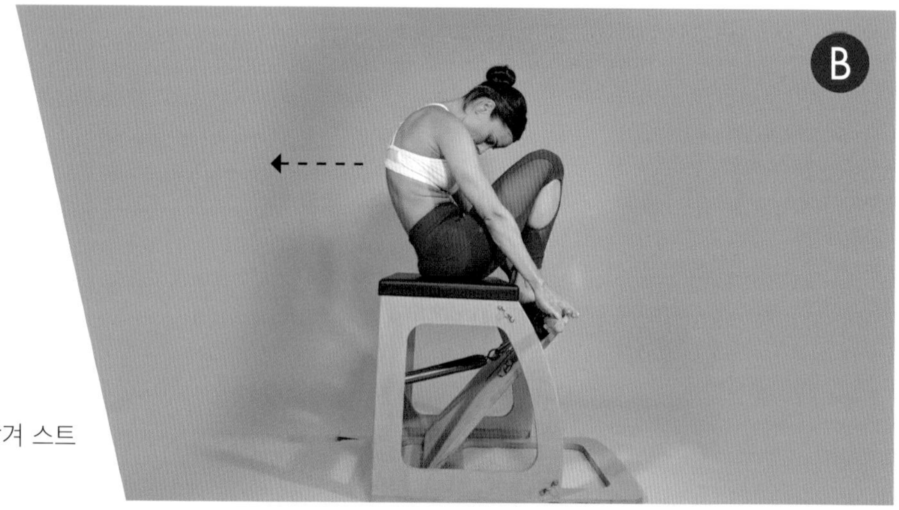

B. 운동

● 몸통을 뒤쪽으로 기울이고 바를 잡아당겨 스트레칭을 강화한다.

관련 근육

능형근, 중승모근, **후삼각근**, 견갑거근, **두판상근**

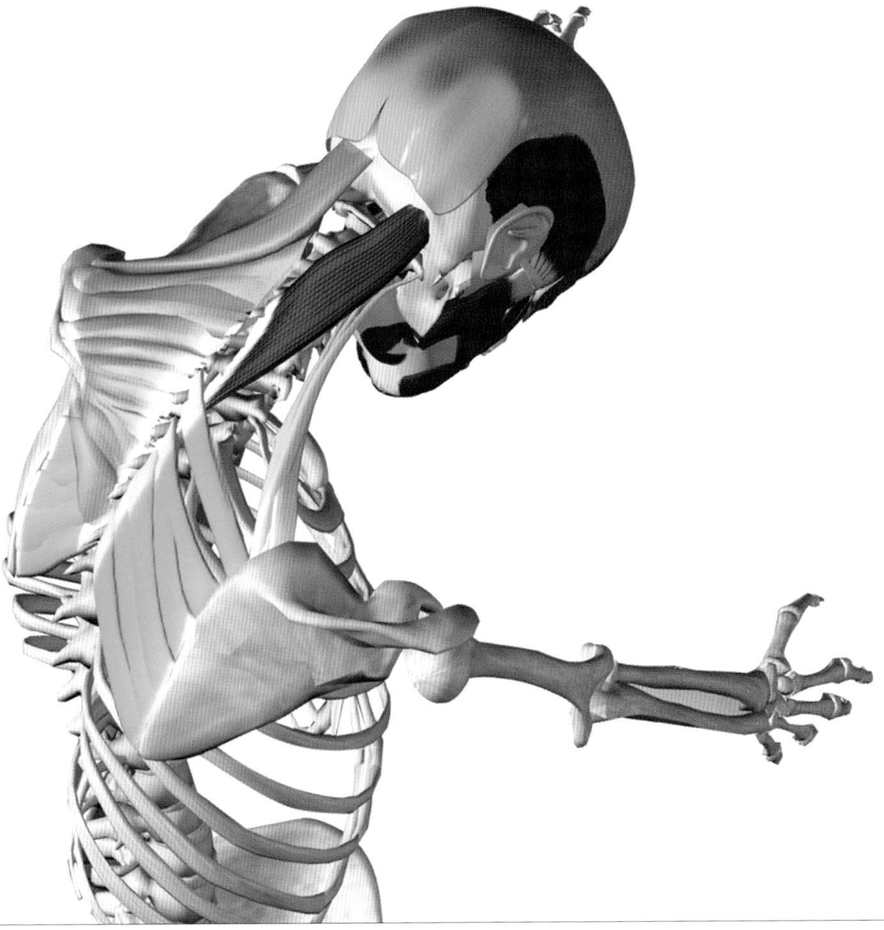

몸통을 뒤쪽으로 기울이면서 바를 잡아당기면 견갑골이 서로 멀어진다. 이를 전인(protraction)이라 한다. 이러한 동작은 색깔로 표시한 근육들을 스트레칭 시킨다. 고개가 굴곡되면서 목 근육(판상근, 견갑거근과 상승모근)이 기시부에서 정지부(종지부)까지 신장된다.

104. 댕글러 Dangler

- **레벨** : 초급
- **관련 근육** : 후방 복사근, 요방형근, 척추 근육

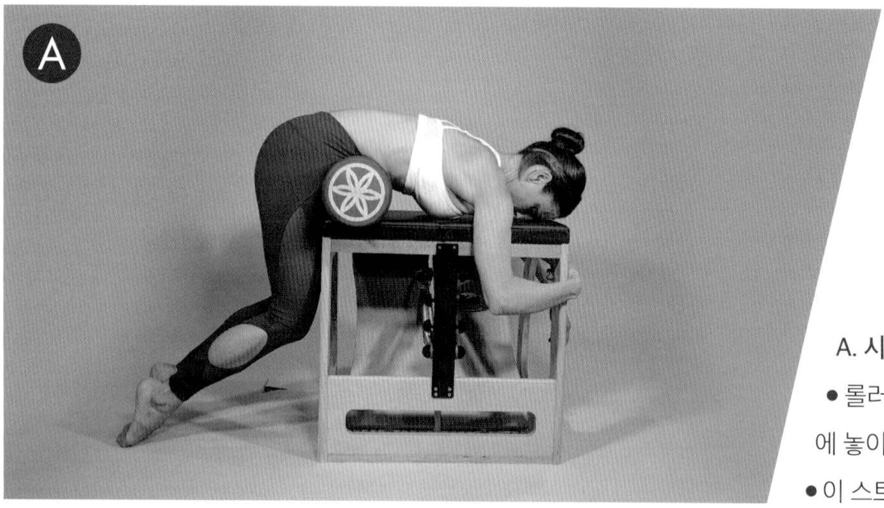

A. 시작 자세

- 롤러를 체어 한쪽에 놓은 다음 롤러가 허리 밑에 놓이도록 엎드리고 다리를 이완시킨다.
- 이 스트레칭을 유지하면서 심호흡을 15번 한다.

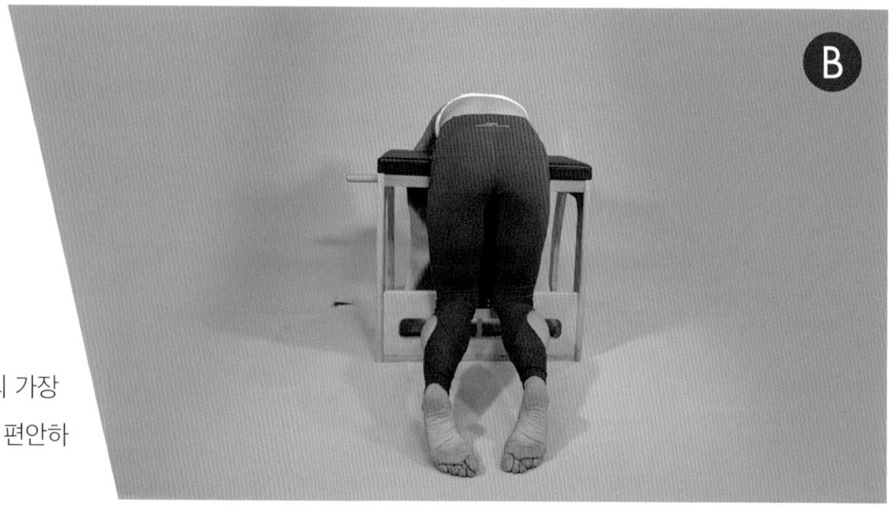

B. 응용운동

- 롤러가 없는 경우에는 치골결합을 체어의 가장 자리에 가까이 위치시킨 채 자신에게 가장 편안하게 느껴지는 자세를 취한다.

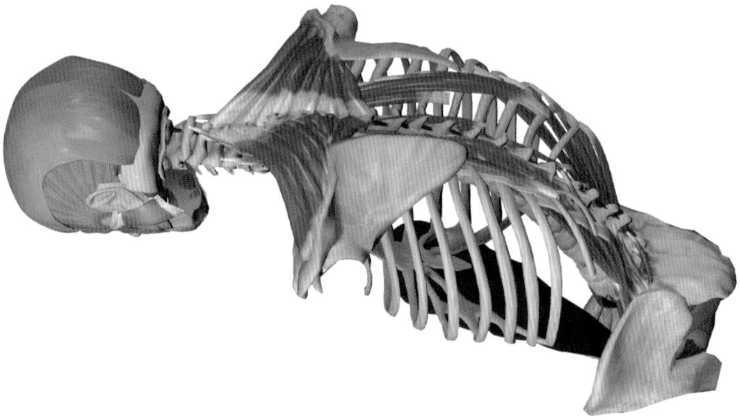

105. 척추 신전

Spine Extension

- **레벨** : 중급
- **관련 근육** : 복근, 흉근, 광배근, 대원근, 장요근, 흉쇄유돌근

A. 시작 자세

- 백 벤더(back bender)를 체어에 놓고 그 위에 바로 누워 양손을 머리 뒤에 두고 양발을 체어 아래쪽에 올려놓는다.
- 견갑골이 체어의 가장자리에 놓이도록 한다.

B. 운동

- 다리와 팔을 이완시켜 본다.

주의 : 이 스트레칭 중에 어지러움을 느낀다면 즉각 중단한다.

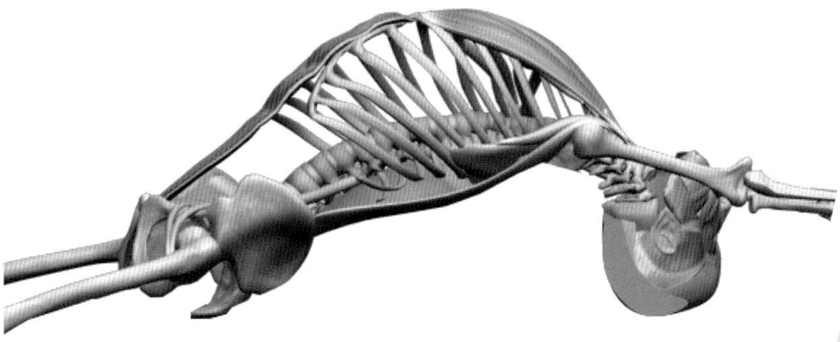

관련 근육

복근, 흉근, 광배근, 대원근, 장요근, 흉쇄유돌근

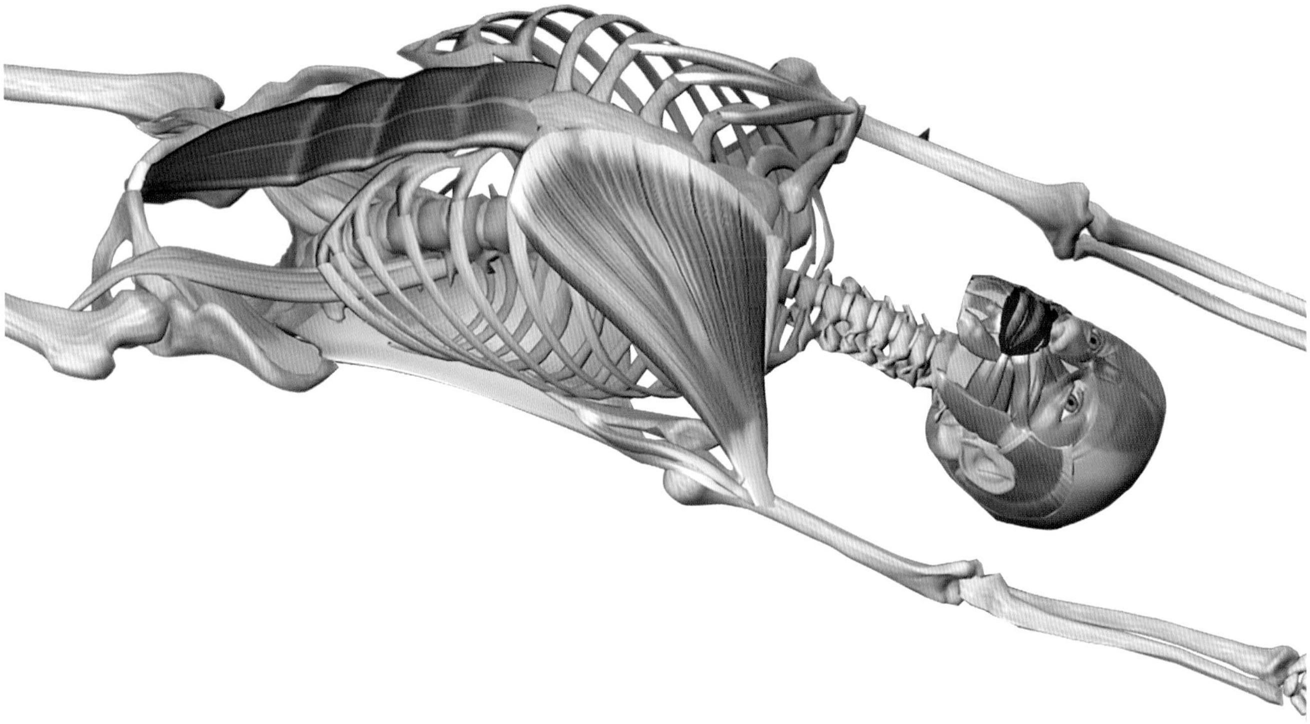

몸이 이완되어 있을 경우에는 고관절 굴근과 복직근이 신장되어 척추의 신장이 가능해질 것이다.
팔의 무게로 대흉근과 소흉근이 스트레칭 될 것이다.

106. 척추 측면 굴곡 Spine Lateral Flexion

● **레벨** : 중급
● **관련 근육** : 복사근, 복근, 광배근, 요방형근, 척추기립근

A. 시작 자세
● 체어에 옆으로 앉아 안쪽 다리를 앞쪽에, 바깥쪽 다리를 옆쪽에 둔다.
● 안쪽 손을 페달에 올려놓고 바깥쪽 팔을 펴서 옆으로 들어 올린다.
● 골반을 중립 자세로 둔다.

B. 운동
● 페달을 밀어 내리면서 올린 팔을 머리 위로 가져간다.
● 좌골이 체어에서 떨어지지 않도록 한다.

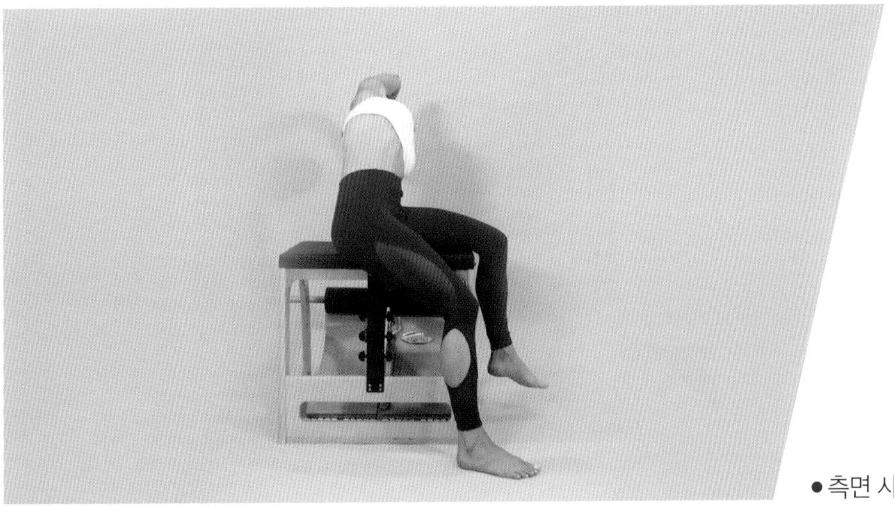

● 측면 사진

관련 근육

몸통을 기울이고 팔을 멀리 뻗으면서, 광배근과 그 작은 보조 근육인 대원근이 강하게 스트레칭 된다. 가능하다면 좌골이 체어에서 떨어지지 않게 해서 내복사근이 보다 효과적으로 스트레칭 되도록 한다.

관련 근육

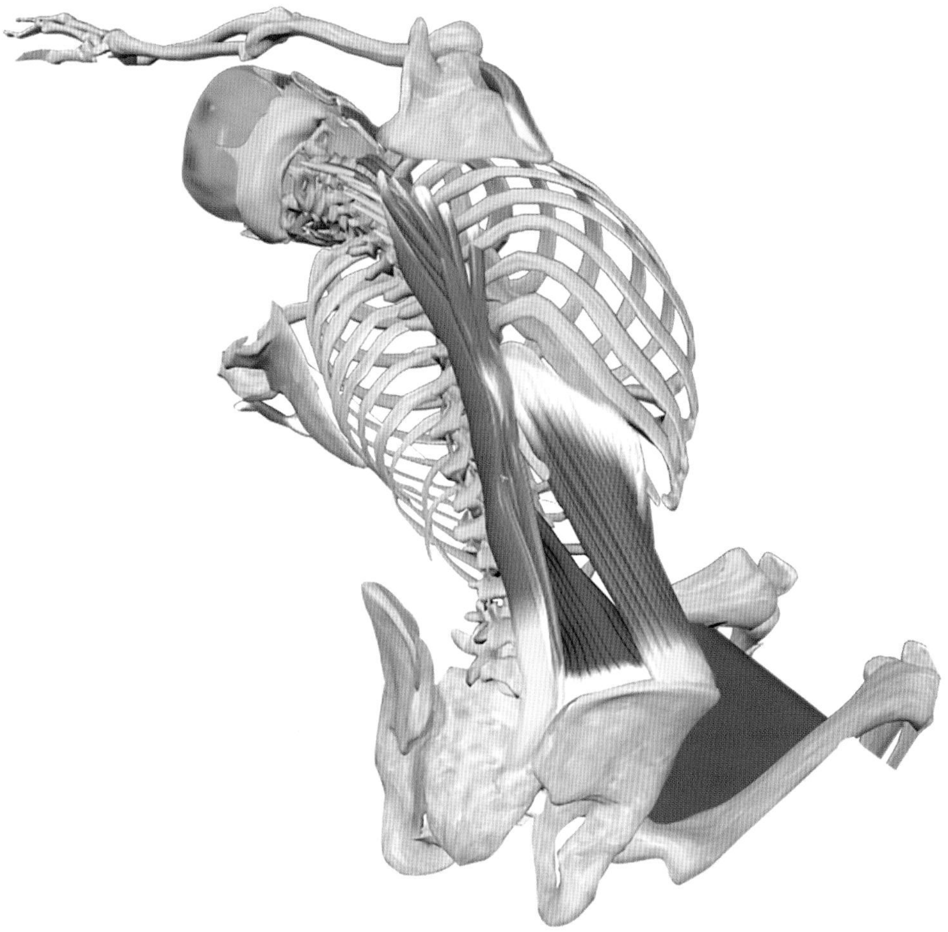

척추기립근의 절반이 요방형근 및 대원근과 함께 스트레칭 된다. 그 밑으로, 즉 척추기립근보다 '깊이' 있는 다열근도 스트레칭 된다. 이 근육군은 척추의 관절들을 안정화한다.

107. 목 굴곡 Neck Flexion

● **관련 근육** : 하후두근

A. 시작 자세

● 체어에 똑바로 앉아 양손으로 체어의 양옆을 잡고 턱을 목 쪽으로 당겨 들인다.

B. 운동

● 턱을 가슴 쪽으로 가져간다.

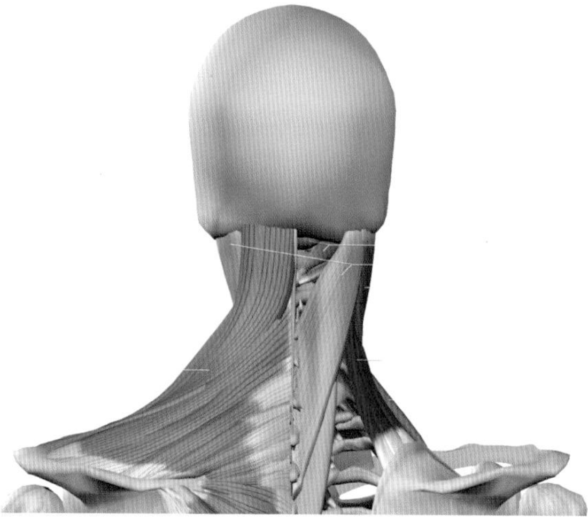

심부 하후두근과 아울러 그 위에 있는 상승모근, 판상근 및 견갑거근도 스트레칭 된다.

108. 목 신전 Neck Extension

● **관련 근육** : 경장근, 흉쇄유돌근, 전사각근

A. 시작 자세

● 체어에 똑바로 앉아 양손으로 체어의 양옆을 잡는다.

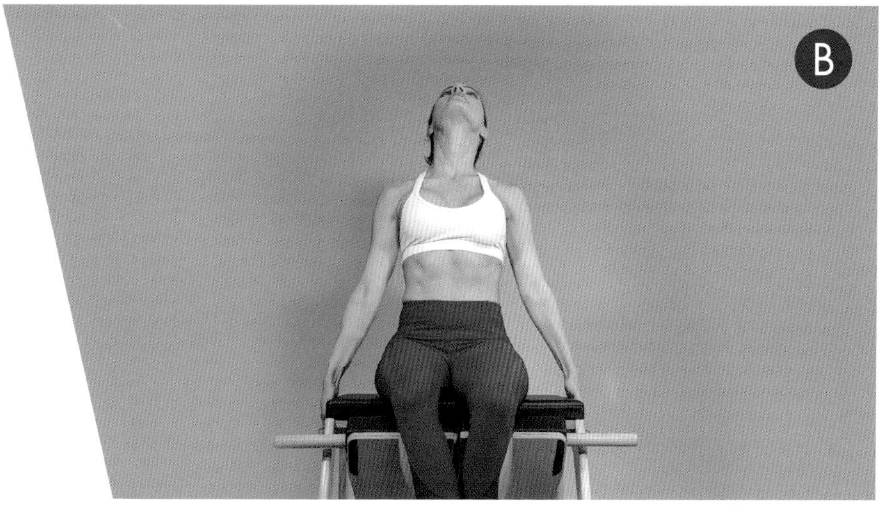

B. 운동

● 머리를 뒤쪽으로 기울인다.

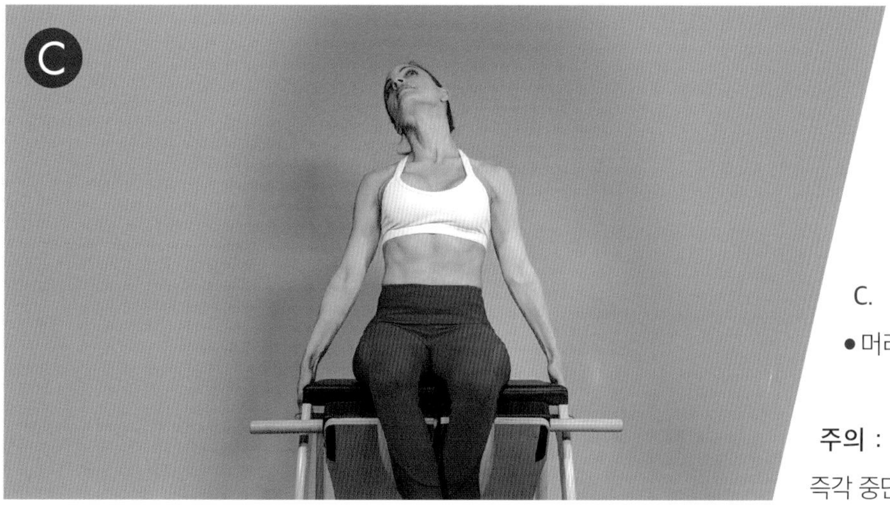

C.

● 머리를 측면으로 돌린다.

주의 : 이 스트레칭 중에 어지러움을 느낀다면 즉각 중단한다.

관련 근육

경장근, 흉쇄유돌근, 전사각근

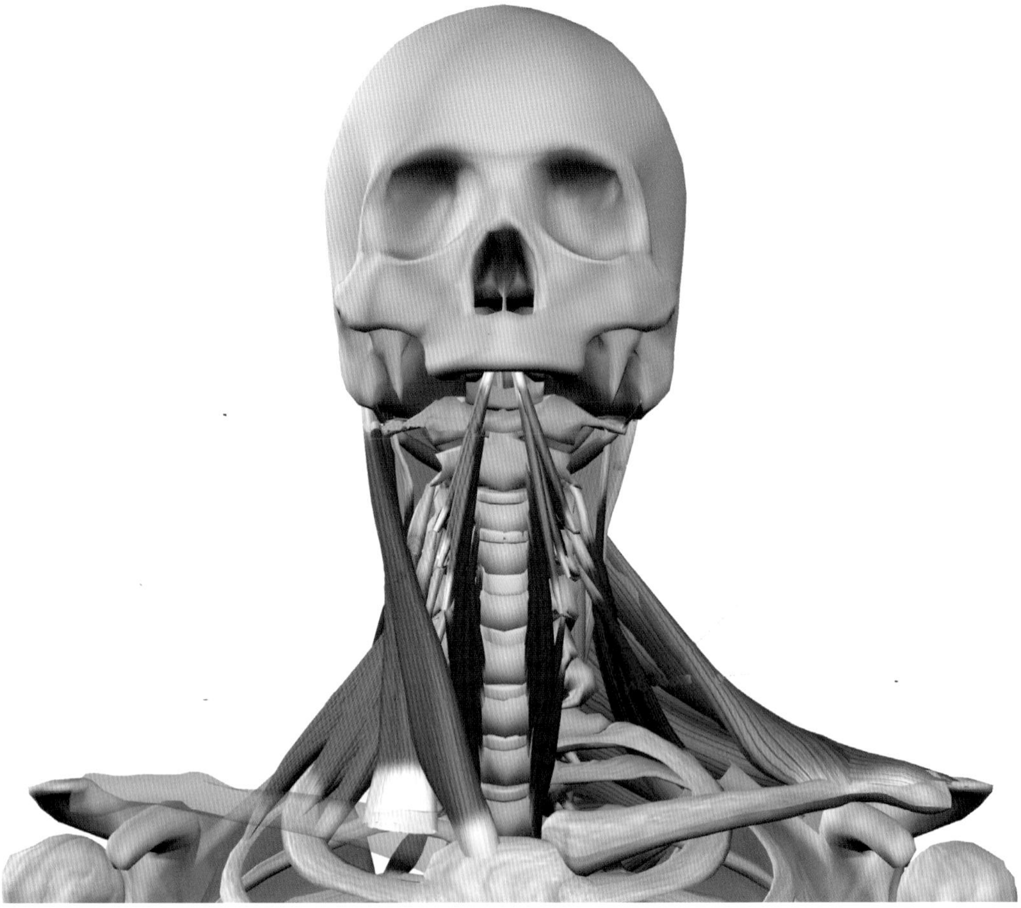

109. 목 굴곡/회전 Neck Flexion and Rotation

● **관련 근육** : 견갑거근, 판상근, 상승모근

A. 시작 자세

● 체어에 똑바로 앉아 양손을 머리 뒤에 둔다.

● 척추를 중립 자세로 둔다.

B. 운동

● 턱을 가슴으로 가져간다.

C.

● 얼굴을 각각의 겨드랑이 쪽으로 회전시킨다.

관련 근육

견갑거근, 두판상근, 상승모근

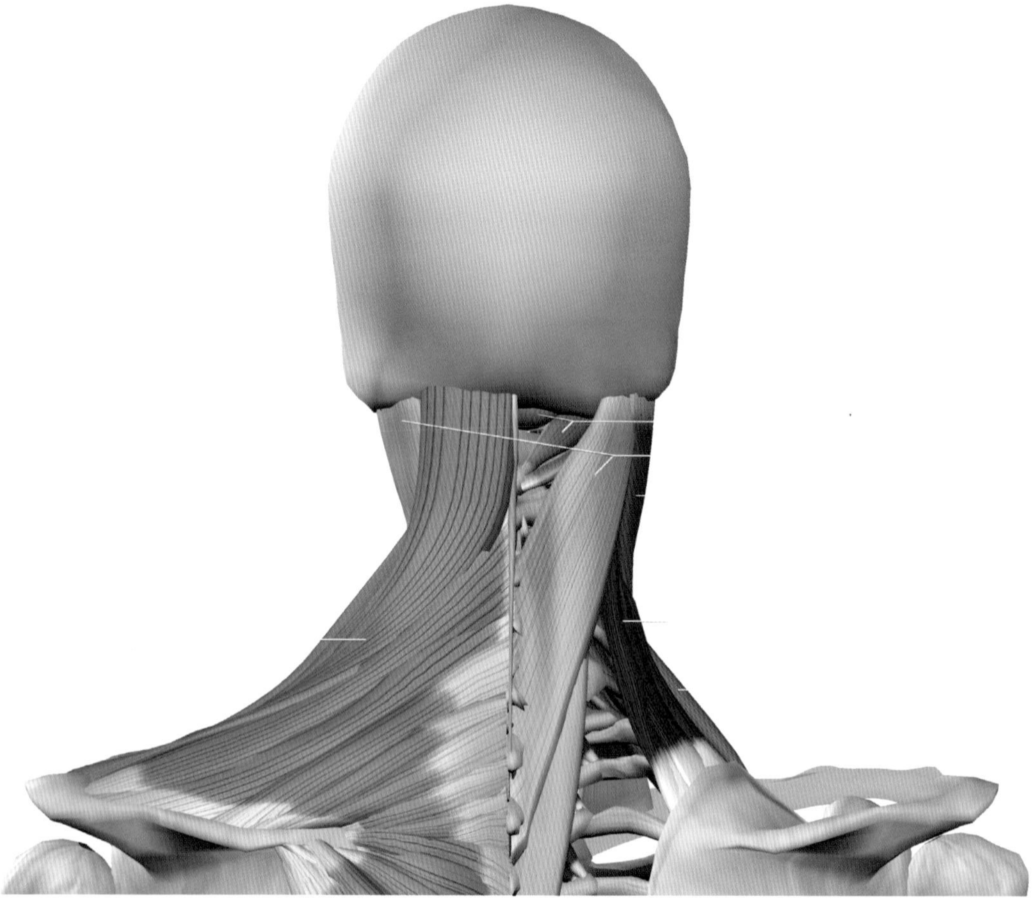

110. 목 회전 Neck Rotation

●**관련 근육** : 흉쇄유돌근, 상승모근

A. 시작 자세와 운동

● 체어에 똑바로 앉아 양손으로 체어의 양옆을 잡는다.

● 척추를 중립 자세로 둔다.

● 머리를 회전시킨다.

B. 응용운동

● 턱을 쇄골 쪽으로 당겨 들인다.

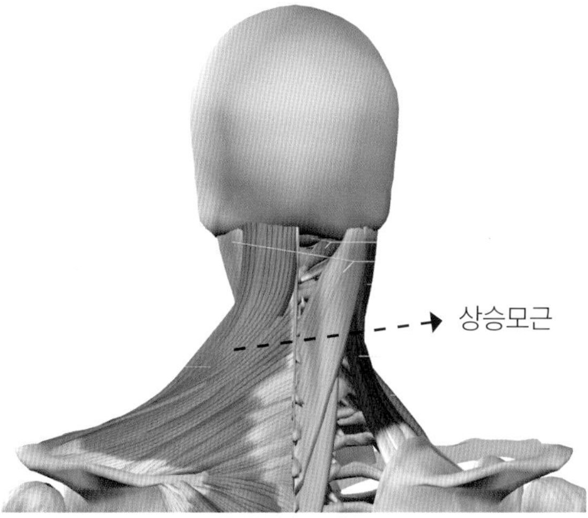

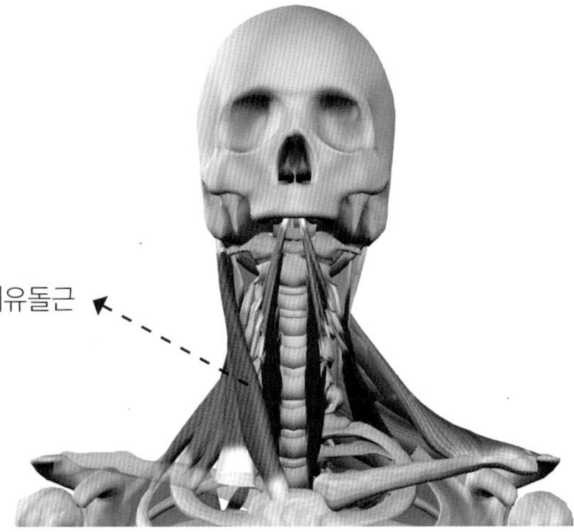

111. 목 측면 굴곡/회전 Neck Lateral Flexion and Rotation

● **관련 근육** : 상승모근, 중사각근, 전사각근

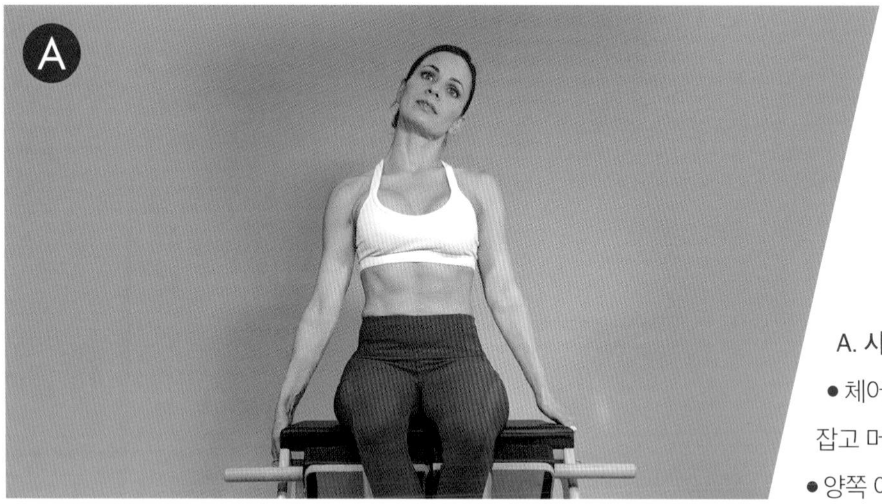

A. 시작 자세와 운동

● 체어에 똑바로 앉아 한쪽 손으로 체어의 측면을 잡고 머리를 반대쪽으로 기울인다.

● 양쪽 어깨를 동일한 높이로 유지한다.

B. 응용운동

● 체어를 잡지 않은 팔을 뻗어 올려 손으로 머리를 가볍게 당긴다.

● 머리를 반대쪽 어깨에 댄다.

C.

● 측면 굴곡을 회전과 결합한다.

● 측면 굴곡을 유지하면서 얼굴을 겨드랑이 쪽으로 부드럽게 회전시킨다.

관련 근육

상승모근, 중사각근, 전사각근

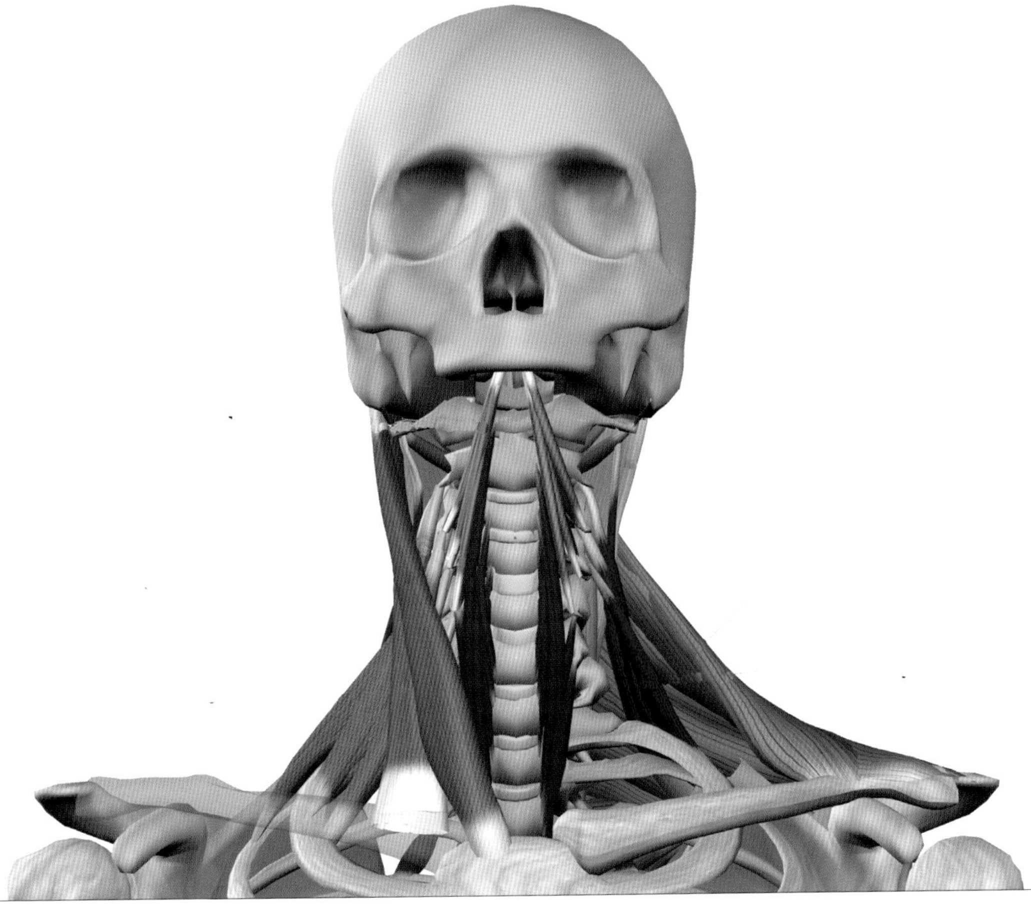

5 CHAPTER

운동 프로그램의 구성

수업을 구성하는 방법 : 필수 요소

기술화가 증가하는 스포츠계에서 운동 프로그램의 설계는 복잡한 작업이다. 서로 다른 운동선수들을 위한 프로그램은 상당히 달라 보일 수 있다. 같은 팀에 소속된 축구 선수들조차도 각자의 포지션에 따라 대조적인 훈련 활동을 보일 것이다. 예를 들어 포워드 포지션은 미드필더보다 더 많은 지구력을 요할 수도 있으므로, 이들의 훈련 활동은 이러한 요구조건을 반영하게 된다. '보통 사람'인 경우에 훈련 프로그램에는 근력, 근육 협동, 가동성, 스태미나와 유연성이란 특성들이 포함되어야 한다. 아울러 다양한 차원 및 자세의 동작들이 들어 있어야 한다. 삶이 우리에게 요구하는 조건들은 바로 이러한 것들이므로, 이것들을 강습소의 통제된 환경에서 훈련시켜야 한다.

다음 페이지에 제시한 운동 프로그램(수업구성)의 예는 이러한 틀을 따르고 있다. 거기에는 정적 및 동적으로 모두 전신의 근육조직을 활용하게 하는 동작 패턴들과 차원들이 결합되어 있다.

예를 들어 척추 운동은 그 모든 차원의 동작을 활용하며, 엉덩이, 어깨, 무릎 및 발목 관절 운동도 마찬가지이다. 이들을 둘러싸고 있는 관절과 근육의 힘과 가동성은 안전하고 통제된 환경에서 길러진다. 이것이 운다 체어의 아름다움이며, 이 체어는 매우 다양한 종류의 동작을 가능하게 한다. 그 잠재력을 최대한 활용해보자!

다음은 운동 프로그램 설계의 원칙들을 요약한 내용이다.

- 신체의 모든 주요 관절(어깨, 척추, 엉덩이, 무릎 및 발목)을 포함시킨다.
- 시간이 되면 모든 주요 관절을 관절 움직임이 가능한 모든 차원으로 움직여준다.
- 매달 최소 한 번 운동에 변화를 주어 적응 정체와 과다사용 손상을 피하도록 한다.
- 어느 근육군에 통증이 있는 경우에는 회복될 때까지 기다린 후 다시 단련시킨다.
- 조셉 필라테스는 "운동은 길게 해야만 효과적인 것은 아니다"며 "엉성한 맨몸운동이나 무리하게 비트는 동작을 수 시간 하느니 잘 고안된 몇몇 동작들을 균형 잡힌 순서로 적절히 수행하는 편이 낫다"고 말했다.
- 스트레칭을 포함시킨다. 즉 시간을 내서 별도의 스트레칭 세션을 수행한다.
- 몸을 느끼면서 최적의 정렬을 이루면서 운동한다.

조셉 필라테스가 말하곤 했듯이 "매번 운동할 때마다 올바른 동작에 집중하자. 부적절하게 수행해 운동의 중요한 모든 혜택을 잃지 않도록 하자."

1
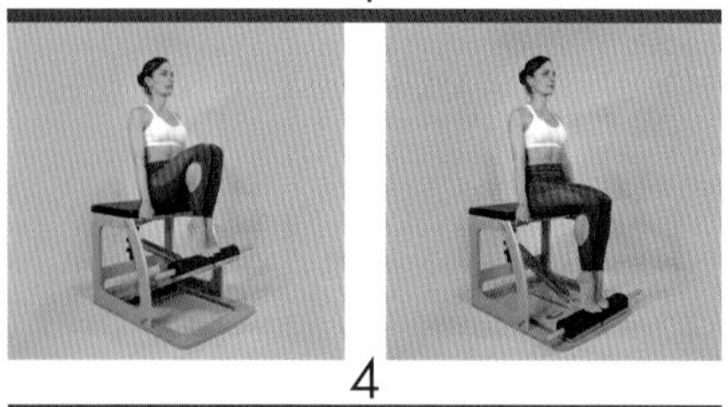
2
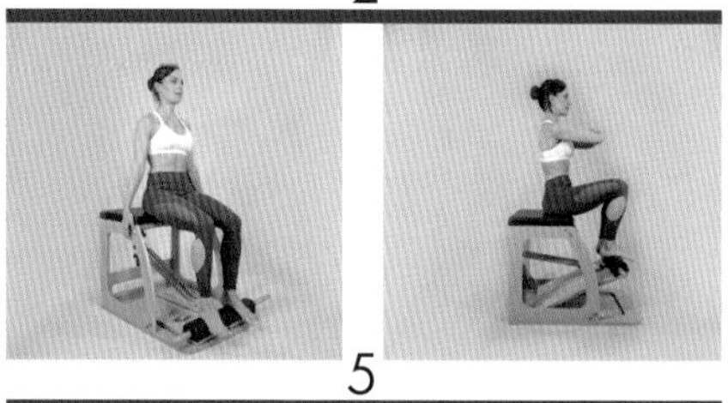
3
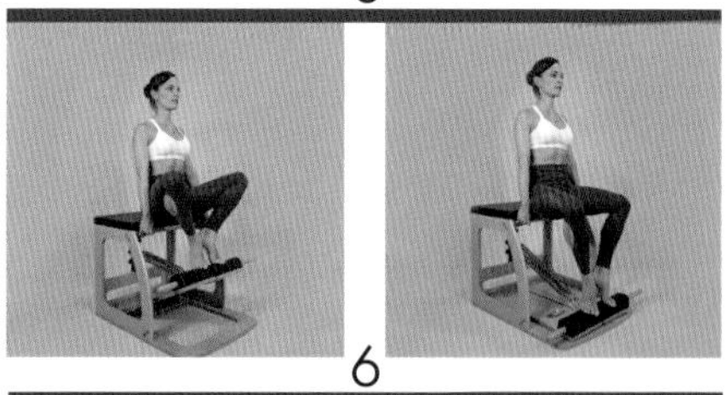
4
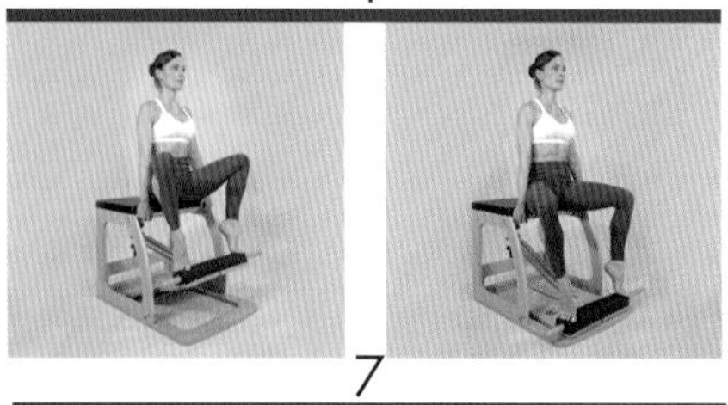
5

6
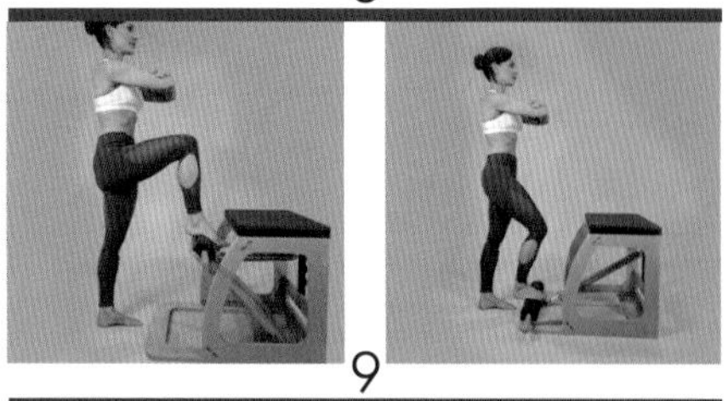
7
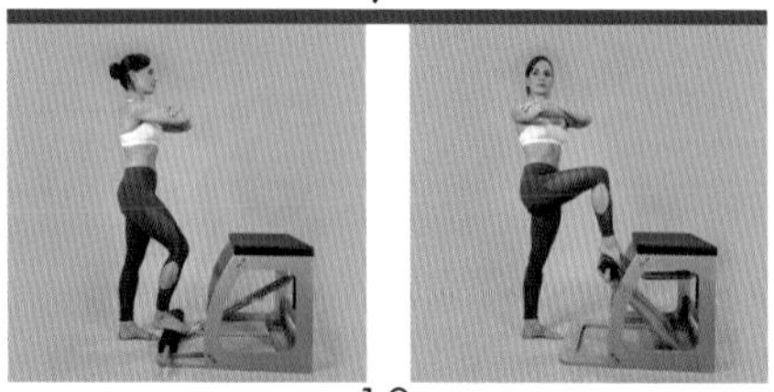
8

9

10
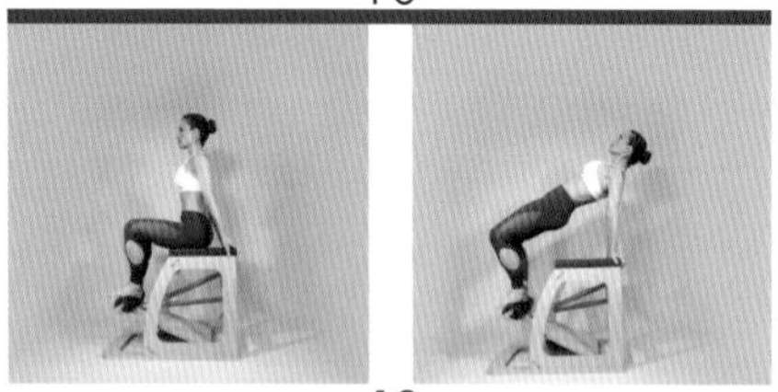
11
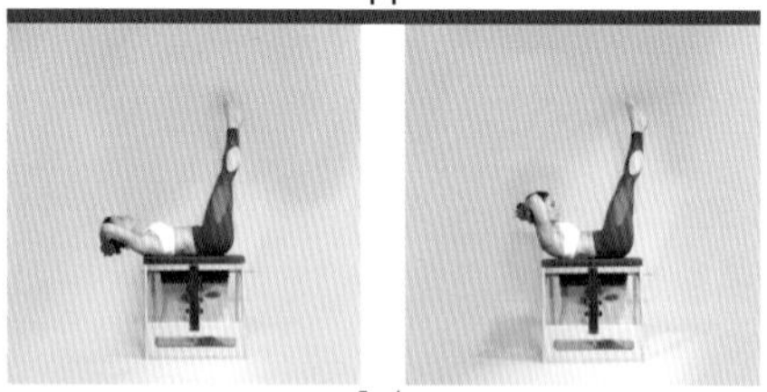
12

13

14
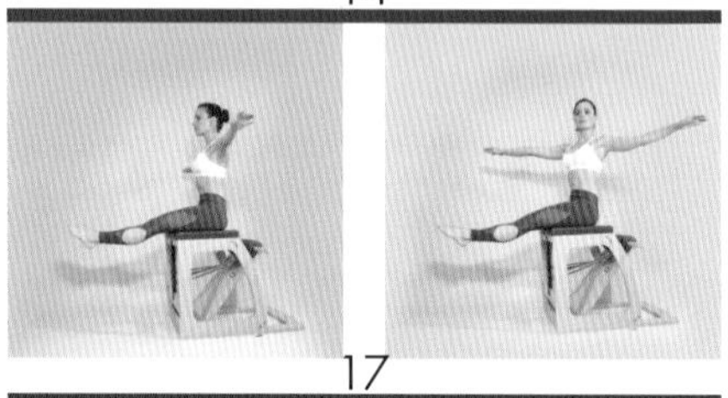
15
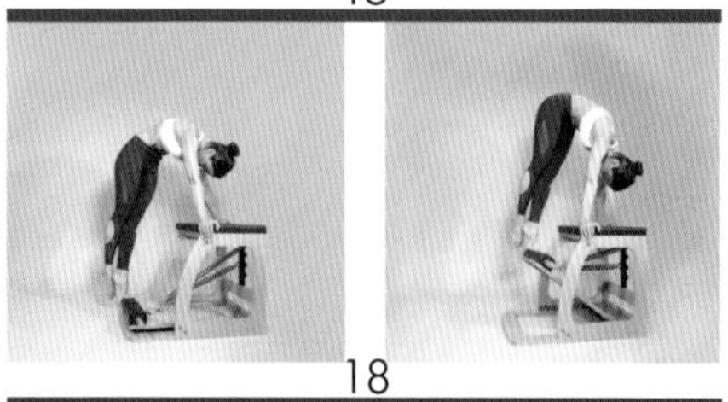
16
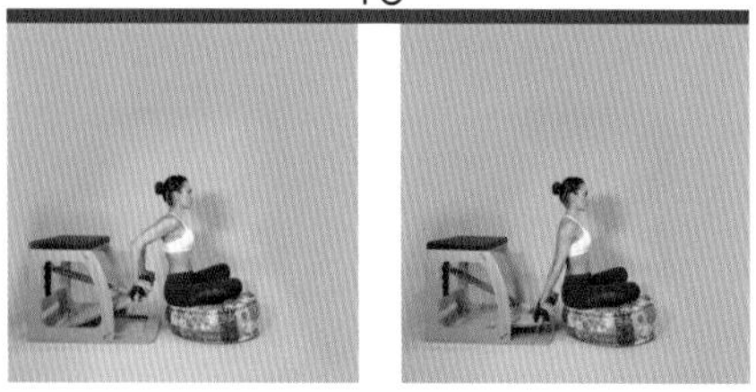
17

18

19
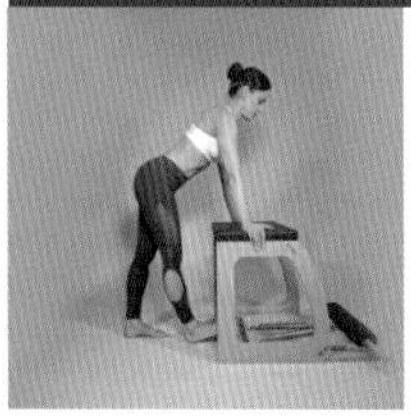
20

21

22

23
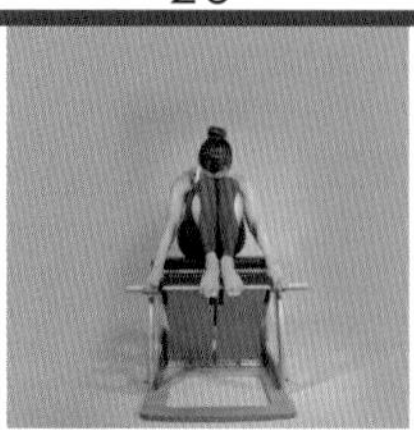
24

당신의 운다 체어 수업을 홍보하고 싶다면, 내 웹사이트 www.kenyidiaz.com에서 다음과 같은 포스터들을 다운로드해 활용하기 바랍니다.

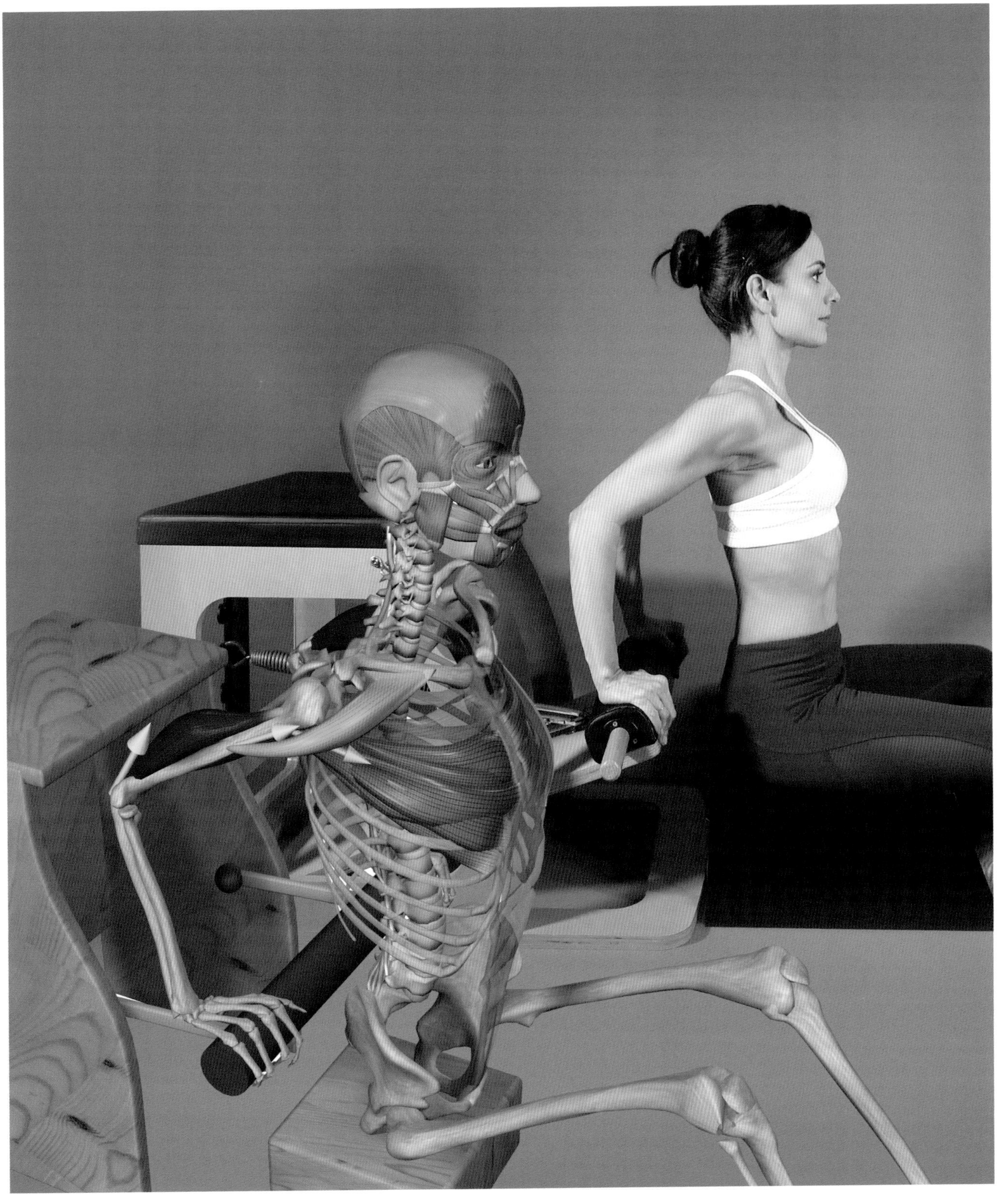

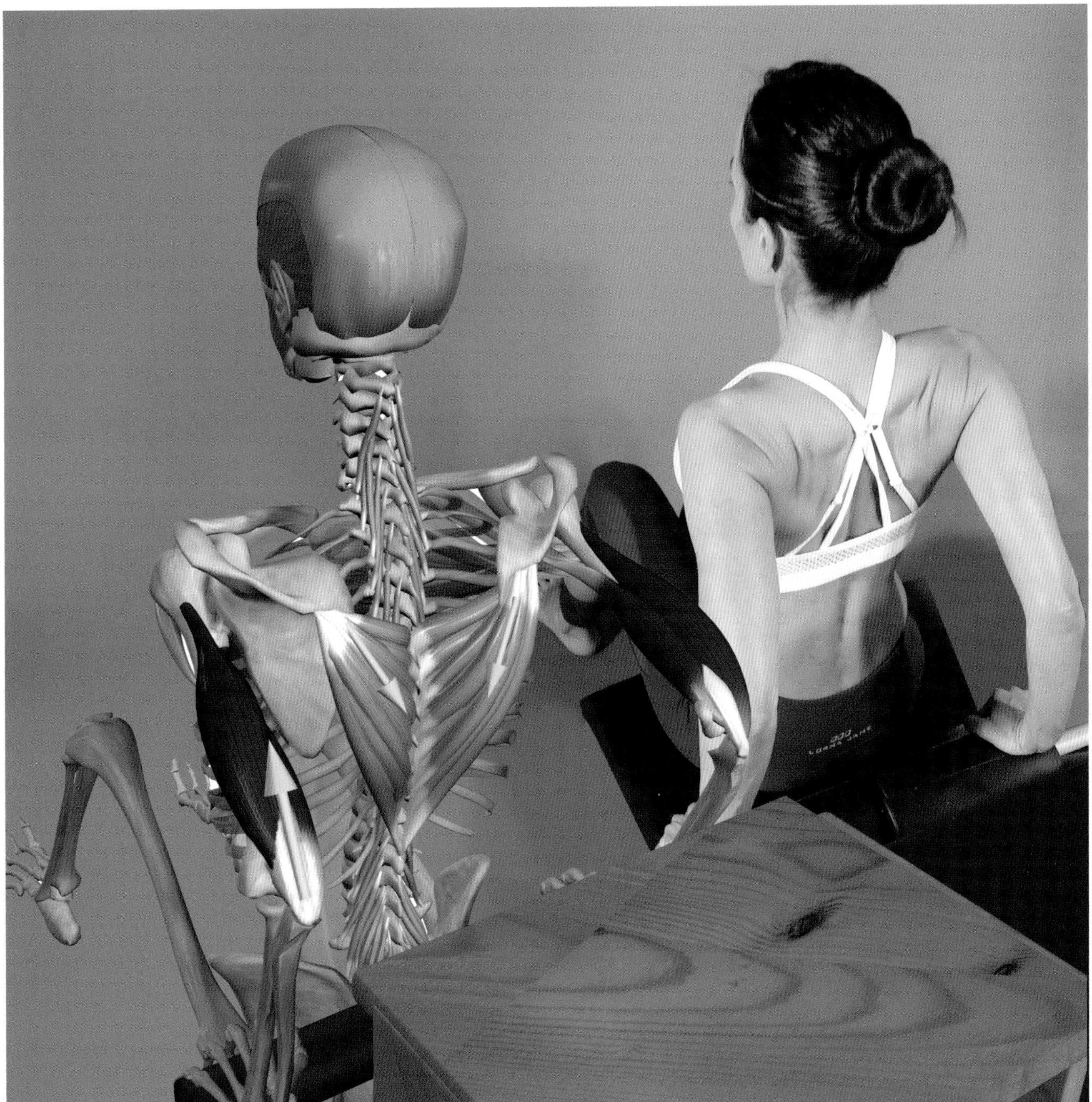

감사합니다.

나는 당신이 놀라운 운다 체어를 즐겼으리라고 기대합니다. 이 책의 저술은 내게 엄청난 배움의 기회가 되었으며, 당신에게도 그러했기를 바랍니다. 이 책을 당신 곁에 두고 내용을 탐구하면서 많은 시간을 보내길 바랍니다. 그러한 노력을 기울일 만한 충분한 가치가 있다고 감히 장담합니다.

안토니와 그레이스! 마지막으로 이 책이 나오게끔 무한한 격려와 성원을 보내준 가족에게 감사드리고 싶습니다.

당신이 어떤 제안이나 의견, 도움 또는 온라인 멘토링을 위해 내게 연락하고 싶다면, 내 웹사이트 www.kenyidiaz.com에 접속해주세요. 아울러 우리의 워크숍에 참석한다면 더욱 좋을 것입니다.. 향후 강좌 일정은 www.yinpilates.com에서 체크하세요.

Bibliographies 참고 문헌

Ahearn, G. 2008. General Anatomy; Principles and applications. McGraw Hill. Australia.

Alter, M. J. 1996. Science of Flexibility. Human Kinetics. Australia.

Chaitow, L. 1988. Soft Tissue Manipulation. Healing Arts Press. Rochester, Vermont.

Coulter, H. D. 2002. Anatomy of Hatha Yoga. Body and Breath. Honesdale, USA.

Frederick, A. & Frederick, C. 2006. Stretch to Win. Human Kinetics. Australia.

Grilley, P. 2004. Anatomy for Yoga. http://www.pranamaya.com

Jerome, J. 1987. Fitness Stretching. Breakaway Books. NY. Juhan, D. 1987.

Job's Body. Station Hill Press. N.Y.

Kapandji, L. A. 1974. The physiology of the Joints. Volumes 1-3. Churchill Livingstone, Edinburgh.

Kendall, H. O. 1971. Muscles, Testing and Function. 2nd Edition. Williams and Wilkins. Baltimore.

McAtee, R. E. 2007. Facilitated Stretching. Human Kinetics. Australia.

Myers, T. W. 2009. Anatomy Trains. Churchill Livingstone. Sydney.

역자 : 한유창

한의학박사로 상지대학교 한의대 겸임교수와 도담한의원 원장을 역임하였다. 현재는 한방병원에 재직 중이다.
연세대학교 영문학과와 동대학원을 졸업하고(문학석사), 상지대학교 한의대 및 대학원을 졸업하였다(한의학박사).
역서로 『임상경혈단면해부도해』, 『필라테스 아나토미』(공역), 『요가 아나토미』(공역), 『스트레칭 아나토미』(공역), 『골프 아나토미』(공역), 『수영 아나토미』(공역) 등이 있다.

필라테스 지도자와 교습생을 위한 교과서

엘리 허먼의 필라테스 리포머

ELLIE HERMAN'S PILATES REFORMER

100개 이상의 리포머 동작 수록

- 단계적이고 체계적으로 구성된 동작 사진 수록
- 올바른 호흡법 및 구체적인 동작 요령 설명
- 운동 효과 및 재활 적용 사항 서술
- 특별 조언 및 이미지 형상화
- 레벨별 동작 별도

필라테스 지도자와 교습생을 위한 교과서

엘리 허먼의 필라테스 캐딜락

ELLIE HERMAN'S PILATES CADILLAC

35개 이상의 캐딜락 동작 수록

- 단계적이고 체계적으로 구성된 동작 사진 수록
- 올바른 호흡법 및 구체적인 동작 요령 설명
- 운동 효과 및 재활 적용 사항 서술
- 특별 조언 및 이미지 형상화

모든 운동은 신체를 아는 것으로부터!!

내 손 안 최고의 운동 코치-해부학적으로 쉽게 배우는 운동 시리즈

요가, 필라테스, 스트레칭, 보디빌딩, 보디웨이트 트레이닝, 골프, 러닝, 수영, 무술, 축구, 댄스, 사이클링 아나토미

요가 아나토미 개정판

해부학적으로 쉽게 배우는 요가

요가 아나토미는 완전히 새로운 관점에서 각각의 요가 동작을 보여준다. 즉, 정확한 요가 자세 뿐만 아니라 요기 동작을 할 때 호흡의 흐름과 근육, 관절 움직임의 해부구조를 엑스레이 필름을 보듯이 투영해서 볼 수 있도록 정리한 요가 교재이다.

저자: 레슬리 카미노프 · 에이미 매튜스
역자: 한유창 이종하 오재근
가격: 24,000원

▶ 원정혜 박사 추천도서

필라테스 아나토미 개정판

해부학적으로 쉽게 배우는 필라테스

상세한 설명과 단계적인 지침, 그리고 명쾌한 해부 그림을 통해 필라테스 운동과 프로그램의 내부를 들여다 보게 한다.

저자: 라엘 아이자코비츠 · 캐런 클리핑어
역자: 이지혜 오재근 최세환 한유창
가격: 25,000원

스트레칭 아나토미 3판 개정

해부학적으로 쉽게 배우는 스트레칭

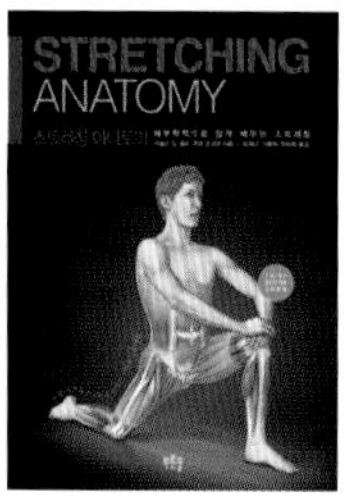

『스트레칭 아나토미』는 여러 분야의 전공에 도움이 되는 책이다. 의학, 간호학, 체육, 물리치료, 스포츠마사지, 에어로빅, 무용, 육상, 구기운동, 보디빌딩 등 자신의 전공에 맞게 이 책을 응용할 수 있다.

저자: 아놀드 G. 넬슨 · 주코 코코넨
역자: 오재근 이종하 한유창
가격: 23,000원

보디빌딩 아나토미 개정판

신체 기능학적으로 배우는 웨이트트레이닝

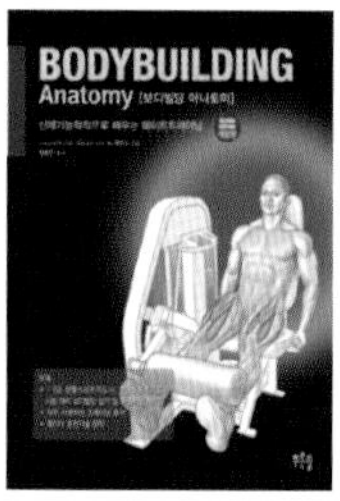

보디빌딩 아나토미는 스포츠 지도자는 물론이고 사회체육을 전공하는 대학생, 보디빌더, 보디피트니스 선수, 퍼스널 트레이너, 그리고 야구, 축구 등 각 종목 체력 담당 트레이너 및 1 · 2급 생활스포츠지도사 및 전문스포츠지도사 자격을 취득하기 위해 준비하는 수험생들의 필독서이다.

저자: 닉 에반스
역자: 창용찬
가격: 25,000원

골프 아나토미 개정판

신체 기능학적으로 배우는 골프

비거리 향상과 정확한 샷 게임 능력 향상, 그리고 부상 없이 골프를 즐기는 것, 이는 모든 골퍼들의 바람일 것이다. 『골프 아나토미』는 이러한 골퍼들의 바람을 충족시켜 줄 수 있는 몸을 만드는 데 큰 도움이 되는 책이다.

저자: 크레이그 데이비스 · 빈스 디사이아
역자: 박영민 오재근 이종하 한유창
가격: 28,000원

보디웨이트 트레이닝 아나토미

신체 기능학적으로 배우는 보디웨이트 트레이닝

보디웨이트 트레이닝의 과학과 운동방법을 배울 수 있는 특별한 책으로, 언제 어디서나 할 수 있는 가장 효과적인 보디웨이트 운동 156가지가 컬러 해부 그림, 단계적인 운동 설명 및 상세한 운동 지침을 통해 소개되어 있다.

저자: 브레트 콘트레이레즈
역자: 정태석 홍정기 오재근 권만근
가격: 22,000원

러닝 아나토미

신체 해부학적으로 쉽게 배우는 러닝

마라톤, 중 · 단거리 달리기에 적합한 근력, 스피드, 지구력을 길러주고 부상도 방지할 수 있게 해주는 신체 해부학적 운동 가이드다.

저자: 조 풀리오 · 패트릭 밀로이
역자: 최세환 원장원 장지훈 이규훈 장경태 오재근
가격: 21,000원

▶ 마라토너 이봉주 추천도서

수영 아나토미

신체 기능학적으로 쉽게 배우는 수영

수영에 적합한 근력, 스피드, 지구력을 길러주는 운동과 4가지 영법에서의 근골격계 역할을 그림으로 보여준다.

저자: 이안 맥클라우드
역자: 오재근 육현철 이종하 최세환 한규조
가격: 19,000원

▶ 최일욱, 지상준, 김진숙 감독 추천도서

무술 아나토미

신체 해부학적으로 배우는 무술

태권도 용무도 합기도 유도 검도 쿵푸 무에타이 등 무술 수련자를 위한 최고의 훈련 지침서로 차기 메치기 넘기기 등에 사용되는 근육에 대한 해부학적 운동 가이드이다.

저자: 노먼 링크 · 릴리 쵸우
역자: 오재근 조현철 김형돈 이재봉 최세환
가격: 19,000원

축구 아나토미

신체 기능학적으로 쉽게 배우는 축구

보다 정확한 패스와 강력한 슛을 위한 근력과 스피드, 민첩성을 길러 경기력을 향상시키는 방법을 알려준다.

저자: 도널드 T. 커켄달
역자: 이용수 오재근 천성용 정태석
가격: 22,000원

▶ 축구 대표팀 감독 홍명보, 대한축구협회장 정몽규 추천도서

댄스 아나토미

해부학적으로 쉽게 배우는 댄스

무용을 배우는 학생뿐만 아니라 무용교사, 안무가, 댄서를 치료하는 의료인에게 매우 유용한 책이다.

저자: 재키 그린 하스
역자: 제임스 전 오재근 김현남 이종하 장지훈 황향희
가격: 21,000원

▶ (사)서울발레시어터 단장 김인희 추천도서

사이클링 아나토미

신체 기능학적으로 쉽게 배우는 자전거 라이딩

사이클링에 적합한 파워, 스피드와 지구력을 길러주는 방법을 소개한다.

저자: 섀넌 소븐덜
역자: 이종하 원장원 이규훈 고도일 박시복
가격: 19,000원

▶ 올림픽 로드레이싱 금메달리스트 코니 카펜터-피니 추천도서